裁判員になる前に知っておきたい

刑事裁判の裏側

弁護人が語る刑事司法の現実

現代人文社編集部 編

現代人文社

はじめに

　2010（平成22）年9月21日、法曹界を揺るがすとんでもない事実が発覚しました。被告人の一人であった元厚生労働省局長が無罪となったばかりの郵便不正事件で、大阪地検特捜部の主任検察官が証拠を改ざんしていたというのです。巨悪と闘う正義の味方であるはずの検察特捜部が、中でもエリートであった主任検察官が、まさかそんなことまでするなんて……。多くの人はそう思ったに違いありません。
　しかし、実は、刑事弁護に携わっている私たちからすれば、この事件はそれほど驚くには値しませんでした。これまでも警察や検察は、何が何でも被告人を有罪にしようと、むりやり自白をとったり、被告人に有利な証拠を隠し続けたりしてきたからです。事実を徹底的に調べることなく、被告人を有罪とするストーリーに沿って証拠を収集していくという、これまでの捜査のあり方を見ていれば、このような事件が起きることもまったくの予想外ではなかったのです。
　のみならず、このような検察官の暴走を許してしまう土壌が刑事司法にはありました。検察を過信し、チェック機能を十分に果たしてこなかった裁判所、そして、私たち弁護士の側にもまったく非がなかったとは言い切れません。本書第1部で紹介するように、被告人の立場に立って検察官に対峙する本来の役割を果たしていない弁護人もいたからです。

　一方、2009（平成21）年5月に始まった裁判員制度は、同年9月末までの裁判員裁判に参加した裁判員を対象とした最高裁のアンケートによると、98％の方が「よい経験と感じた」と回答しており、順調に運用されているようです。記者会見からも、裁判員の方たちが真剣に取り組まれた様子がうかがえます。
　だからこそ私たちは、裁判員になる方たちに、刑事司法の現実を伝えておくべきだと考えました。
　本書の第2部で詳述しますが、裁判は公判で取り上げられる証拠のみ

によって判断されるものです。しかし、その証拠を鵜呑みにしてよいかといえば、残念ながらそうではありません。本書で述べるように捜査側に都合よく作られた供述調書もあれば、先ほどの事件のように捜査側に意図的に捻じ曲げられた証拠もないとはいえないのです。

　また、先ほど述べたように、法曹三者（裁判官・検察官・弁護士）は裁判のプロですが、過信することは禁物です。プロといえども人間ですから、"絶対に正しい"ということはないのです。

　これから裁判員になる方たちには、ぜひとも、こうした刑事司法の実情を踏まえたうえで、社会で培ってきた常識に照らし、自分自身の目と耳で確かめ、自信をもって判断を下していただきたいと思います。そして、偏りのない心で、目の前の被告人の声にきちんと耳を傾けてほしいというのが、私たち弁護人の願いです。

　一般市民のみなさんが、閉塞状況が続いてきた刑事司法の"光"であると私たちは確信します。

　なお、本書で"file"として取り上げた事例は、具体的な事件名があるもの以外はプライバシー保護とわかりやすさの観点から多少の省略や変更をしていますが、すべて実際にあった出来事です。

CONTENTS
目次

第1部
弁護人と被告人が見た刑事司法の実態

file 1
認めるまで終わらない取調べ ……… 8

file 2
供述調書は取調官の作文 ……… 12

file 3
被告人が体験したとんでもない取調べ ……… 16
取調べの実態と供述調書 ……… 22

file 4
逮捕されると解放してもらえない ……… 26
不必要な長期間の勾留 ……… 28

file 5
黙秘すれば反省していないと思われる ……… 31
黙秘権の行使 ……… 35

file 6
曇らない目をもてない裁判官 ……… 37
判決に影響を及ぼす制度的問題 ……… 41

file 7
具体的で詳細であれば信用される証言 ……… 43

file 8
一般常識とかけ離れた判決 ……… 48

file 9
被害者の供述のみを盲信した裁判官——御殿場少年事件 ……… 53
裁判官という人々 ……… 58

file 10
科学鑑定は"科学的"ではない ……………………… 61
科学鑑定の問題点 ……………………………………… 63

file 11
隠されていた証拠 ……………………………………… 65
求められる適正な証拠採用 …………………………… 68

file 12
被告人の敵となった弁護人 …………………………… 70
弁護人の役割 …………………………………………… 73
通訳人の問題 …………………………………………… 75

第2部
これだけは知っておこう！
刑事裁判の基礎知識

無罪推定の原則 ………………………………………… 82
弁護人選任権 …………………………………………… 87
責任能力 ………………………………………………… 91
故意 ……………………………………………………… 95
証拠裁判主義 …………………………………………… 98
死刑 ……………………………………………………… 102

第3部
実際にあった信じられない冤罪事件

file 1
アリバイのあった死刑囚──免田事件 ……………………………… 108

file 2
届かなかった無実の叫び──松山事件 ……………………………… 113

file 3
隠し通された証拠──島田事件 ……………………………………… 119

file 4
幻となった再審開始決定──財田川事件 …………………………… 124

file 5
科学鑑定が証明した無実──足利事件 ……………………………… 130

file 6
検察官によってすり替えられた証拠──高隈事件 ………………… 136

file 7
巻き込まれた4人の被告人──八海事件 …………………………… 142

file 8
被害者から一転して容疑者に──徳島ラジオ商殺し事件 ………… 148

file 9
でっち上げられた事件──志布志事件 ……………………………… 152

裁判員になる前に観ておきたい、読んでおきたい、映画と書籍 …… 158
刑事裁判に関する用語解説 …………………………………………… 161

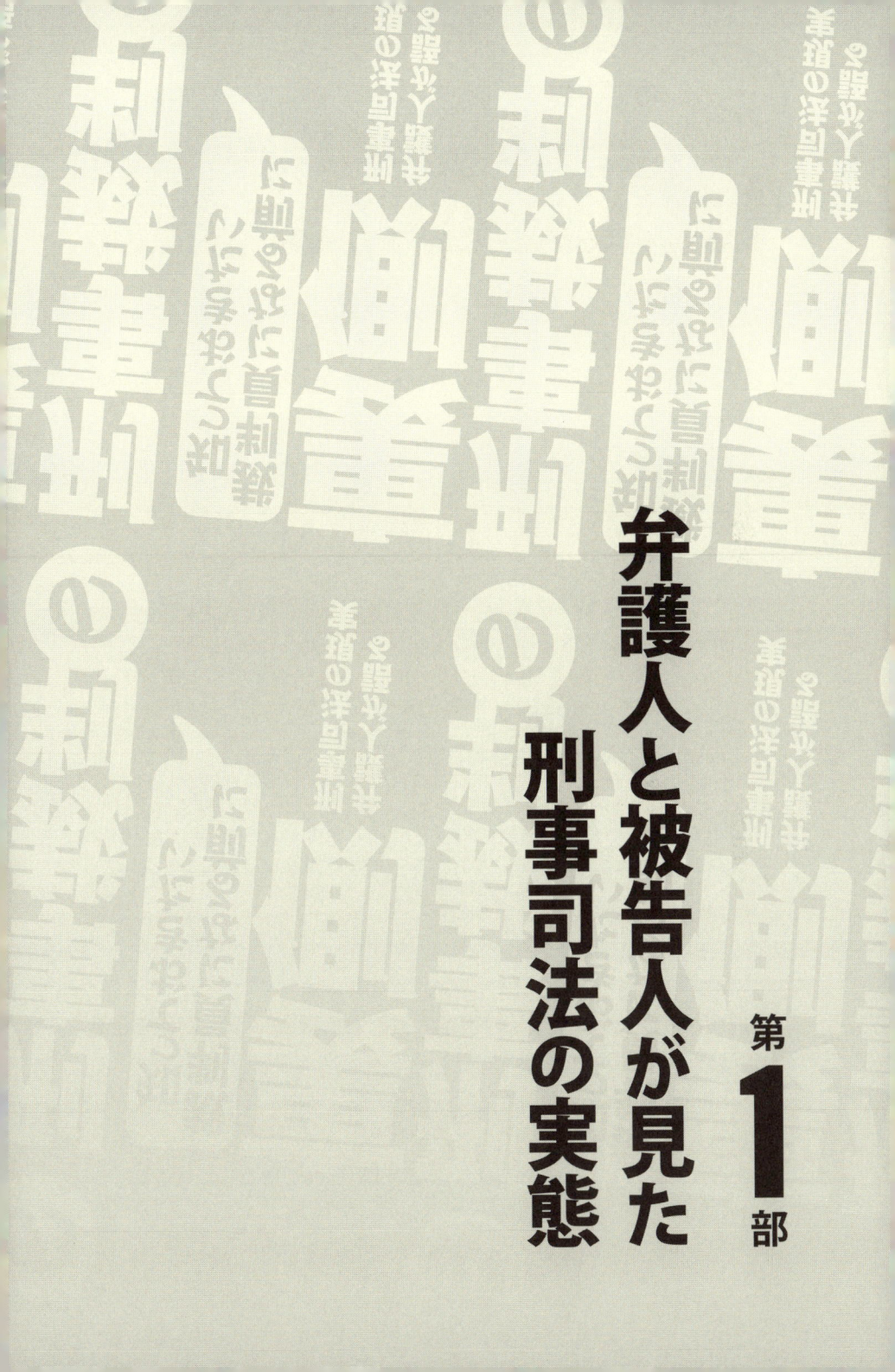

第1部 弁護人と被告人が見た刑事司法の実態

file 1 認めるまで終わらない取調べ

「じゃあ、行ってくるよ」

神田が、いつものように職場に向かおうと家を出た時だった。見慣れない男が3人近寄ってきた。

「神田、お前を逮捕する。中央警察まで来てもらうぞ」

わけがわからなかった。

確かに若い頃は悪さをしていた。暴走族にも入っていた。しかし、25歳の頃に今の妻と出会い、悪さからは一切足を洗った。今では2人の子どもにも恵まれ、左官工の職人としてまじめに働いて10年になる。

神田には、思い当たるところなどまったくなかった。

警察官の名前は、大塚といった。

大塚刑事は、「上野が死んだ件だよ。わかるだろ」と言った。

「上野って誰ですか？　俺は何もしていません」と神田は抵抗したが、「とぼけんじゃねえ。話は署に行ってじっくり聞いてやるよ」と、警察官らに手錠をかけられ、むりやり覆面パトカーの後ろに乗せられた。

中央警察署に着くと、写真と指紋をとられ、すぐに狭い取調室に連れていかれた。大塚刑事と若い警察官が机に座っていた。

逮捕された時も逮捕状を見せられたが、神田は混乱していて自分が何の罪を疑われてるのか、わからなかった。大塚刑事に、「俺が何をしたっていうんですか？」と聞いた。

「上野から金を取ろうとしただろう。上野は死んだんだよ！　渋谷も品川も、おまえから指示されたと白状している」

上野が死んだ？　上野って誰なんだ。上野なんて奴からお金を取ろうとしたことなど、まったくない。

ただ、渋谷と品川は知っている。昔から面倒を見ている後輩だ。

「刑事さん、自分は何もしていません。本当です。信じてください」神田は必死に訴えた。

しかし大塚刑事は、「お前、自分の後輩が認めてるんだぞ、恥ずかしくないのか」とまったく耳を傾けてくれない。

「渋谷と品川は何て言ってるんですか？ あいつらは、何をしたんですか？」

そこでわかったことは、2週間前の夜、渋谷と品川が葛飾区の公園に上野を呼び出し、2人で殴る蹴るの暴行を加えたため、上野は外傷性ショックにより日が変わる頃に亡くなったということだった。

「それで、なんで俺が逮捕されなきゃいけないんですか？」

「ああ!? まだとぼけんのか。いい加減にしろ！ 渋谷は、お前に上野が貸した金を返さないと相談したら、お前から痛めつけてやれと言われたと言ってるんだ。金が取れたら、お前に3割渡すことになってたんだろう。品川もそう言っている。お前が否認したって、通らないぞ」

そう言われて、神田は1ヶ月前の出来事を思い出した。

「神田さん、ちょっと相談したいことがあるんですけど」神田の携帯に渋谷から電話が入った。

「おう、久しぶり。なんだ、どうした？」

「いや実は、金貸してんのに返さねー奴がいるんですよ」

「ははは。そりゃ、貸すほうが悪いな。久しぶりだし、近いうち飲みにでも行くか。品川も誘っとくよ」

そう言って、4日後、浅草の店に3人で集まった。

渋谷の話はこうだった。

ある男に、半年前、麻雀の負けのツケとして30万貸した。1週間で返すということだったが、一向に返さない。何度も催促しているが、逃げ回っている。いい加減、腹が立ってきて、今度呼び出そうと思う。相手の出方次第では、少し痛めつけてやろうと思ってる。

そして、神田に「立ち会ってくれませんか？」と言ってきた。

神田は、「そうか。ただまあ、もともと麻雀の金だろう。あんまりきり立つなよ。とにかく、そんなんで警察の世話になるなんてバカバカ

しい。余計なことはすんな。まず話し合ったらどうだ」と言った。
　渋谷は怒りが収まらない様子だったが、その日は飲んで別れた。

　思い当たることといえば、それしかない。
　もしかしたら、その時の渋谷が金を貸していた男が、上野だろうか。渋谷が上野を殺してしまったのだろうか。しかし、なぜ渋谷は俺が指示したなんて嘘をつくのか。神田にはわからないことだらけだった。
　ただ、自分が何もしていないことは確かだ。今は、それを信じてもらうしかない。
「刑事さん、渋谷や品川がなんでそんな嘘つくのかわかりませんが、俺は何も言っていません。上野なんて知りません」
「おまえら３人が集まって上野を痛めつける相談をした店も、もう裏がとれてるんだよ。浅草の〇〇だろう」
　それは、確かに３人で集まった店だった。
「いや、確かに、渋谷から相談はされましたけど、俺はむしろやめろって言ったんです。本当です」
「いいか、神田、今は傷害致死だけど、否認を続けると強盗致死にもなりかねないぞ。強盗致死なら、一生出られなくなるぞ」
「じゃあ、渋谷に会わせてください。嘘をついているのは渋谷なんです！」
「会わせられるわけねーだろ。おまえは逮捕されてるんだぞ！」

　その日は夜11時まで取調べが続いたが、神田が何度、本当のことを話しても、信用してはくれなかった。
　次の日も、朝９時から夜９時まで、食事以外はずっと取調べが続いた。
　その次の日は検察庁に行った。検察官の取調べは、あっという間だった。「君、否認してるんだって？　ただ、もう証拠も揃ってるから。よく考えなさい」検察官は、もう神田を犯人と決めつけていた。
　警察署に帰っても、取調べは毎日10時間以上続いた。その間、狭い部屋の中で椅子に座らされっぱなしのまま、「やっただろう」「やってません」の押し問答が延々と繰り返される。神田は、これまでの人生で味

わったことがないほど、肉体的にも精神的にも追いつめられていった。
　大塚刑事は、ありとあらゆる手段を使って脅してきた。「お前が認めないなら、お前の家族全員を警察に呼んで、片っ端から調べてやる」「渋谷と品川が認めている以上、お前の言うことなんか裁判官は絶対信用しないぞ！」
　時には、なだめすかすような言い方もした。「神田よ、今認めたら、俺が検事さんに刑を軽くするようにお願いしてやるよ。相手を死なせようなんて考えてなかったんだろう。認めれば、裁判官だってわかってくれるよ……」
　警察が言う店に渋谷たちと行ったことは事実だ。そこで相談を受けたのも事実だ。しかし、俺は「やめろ」と言ったのだ。だが、その会話は、録音してあるわけでもなければ、誰かが聞いてくれていたわけでもない。自分が言うことを証明してくれるものが、何もない……。
　大塚刑事の言うように、このまま否認を続ければ、強盗致死になって一生、刑務所暮らしになるかもしれない。そんなことになったら、妻や２人の子どもはどうやって暮らしていけばいい……。
　そうだ。ここで認めても、裁判になれば、裁判官は信じてくれるかもしれない……。
　その時の神田には、もう抗う気力はほとんど残っていなかった。この永遠とも思われる悪夢のような現実からとにかく逃れたかった。そして気がつくと、自分でも思ってもいなかった言葉を口にしていた。
　「刑事さん、俺……」

file 2 供述調書は取調官の作文

　中野が連れてこられたのは、古くて壁が汚れた、小さな机と、対面する形で2つの椅子が置かれただけの2畳ほどの狭いコンクリートの部屋だった。奥に30センチメートル四方くらいの小さい窓はあったが、逃げられないようにするためか鉄格子が付けられている。そして部屋中に、なんだかすえたような臭いが漂っていた。
　「ここが取調室……」
　「じゃあ、奥に座って」そう言われ、中野は部屋の奥に座った。思った以上に圧迫感があり、それがよりいっそう緊張感を高めた。

　中野がここに来たのは、去年の冬、男3人、女1人の同僚4人で飲み会をした時のことについて、任意同行を求められたからだった。ただし、任意といっても、実際には強制的に連れてこられたようなものだった。「今日は大事な仕事があるので……」そう言ったのだが、警察官は聞き入れてはくれなかった。
　中野は、仕方なく警察官に従った。「でも、自分はただあの場所にいただけで何もしていないのだから、すぐに帰してもらえるだろう」そう思っていた。
　「最初に聞くけど、去年の11月25日、代々木さんの部屋で飲んだの覚えてる？」体格がよく威圧的な風貌の目黒刑事が、穏やかな調子で質問を始めた。
　「……はい」
　「その時さあ、君の同僚が、田端さんに対して何をしたのか覚えてるかな？」
　「……はい」
　その後、目黒刑事の尋問は、その時に男性2人の同僚が田端という女

性にしたわいせつ行為の詳細に及んだ。そして、中野の話になった。
「……それでさ、君はその時、何をしていたの？」
「……寝ていたと思います」
「君は、田端さんの身体に触ったことはないの？」
「ないと思います」
「嘘つけ!!」目黒刑事は、急に怒鳴りつけて、机をバンッと叩いた。
　中野は、目黒刑事の急変ぶりに驚き、身体がこわばるのを感じた。
「あのさ、君は、女性の裸を見たら興奮するよね？」目黒刑事は、これまでとは違ったイライラした調子で質問を続けた。
「まあ、普通は……」
「女性が裸で寝ていたら、触りたいという気持ちは全然湧かないの？」
「そりゃ、触りたい、という気持ちはありますけど……」
「じゃあ、事件の時もそういう気持ちが少しはあったんじゃないの？」
「まあ、少しくらいはあったかもしれません……」
「事件の時、触っていないと断言できるの？」
「……寝ていたと思いますが……。覚えていません」
「君の友達は、君が触っていた、と話しているんだけどね」
「えっ？　そうなんですか……？」
「もし裁判になって、このまま触っていないと言い続けても、裁判で認められないと意味がないよ。しかも認められなかった場合には、『不合理な弁解』をしていると思われて裁判官の心証も悪くなる。そうすりゃ、量刑だって重くなる。今のうちに認めないと、後で絶対、後悔することになるぞ」
「でも……本当に覚えてないんです」
「触っていないと断言できないんでしょ？」
「はい……」
「じゃあ、触ったかもしれないだろう。君の友達は、君が触っていたと言っていたぞ。友達が嘘をつくわけないだろう」
「でも……」
「もし触っているとしたらどこを触ったと思う？」
「そう言われても……。覚えていないので何とも言えません」

「わかったわかった。じゃあ、君は、女性の身体のどの部分が好きなの？」
「……胸……ですかね……」
「じゃあ胸を触ったんじゃないの？」
「わかりません。もし触るとしたら、胸かもしれませんけど……」
「わかったわかった。じゃあ、胸を触ったかもしれないけれどもはっきりとは覚えていない、ということだよな。ちゃんと君の言い分は記録に残るから大丈夫だよ。安心しなさい」

その後、目黒刑事は、中野が話した内容を「調書」にまとめた。目黒刑事が作った調書には、こう書かれていた。
「私は、田端さんが裸になっている姿を見て、触りたいという気持ちが湧き起こりました。はっきりとは覚えてませんが、田端さんの胸を触ったような記憶があります」

そして調書への署名・押印を求められた。だが、中野が「ちょっと違う」と渋ると、目黒刑事はまた大声で怒鳴った。
「何が違うんだ！　君が言ったとおりに書いてあるじゃないか！　よく覚えていないが、触ったかもしれないって。大筋では合ってるだろ！」

そう言われて中野は、これ以上怒鳴られるのも嫌だし、100％間違いというわけでもないため、署名・押印に応じた。

こうして中野は、強制わいせつ容疑で起訴されてしまった。

裁判になり、中野は、本当は自分は触った記憶はないこと、したがって調書には自分の言い分が正確に反映されていないこと、取調べおよび調書の作成過程が不当だったことを主張した。

そこで、どのような取調べがなされたのかを明らかにするため、取調官である目黒刑事の証人尋問が検察官によって行われた。
「あなたは、取調べの時、机を叩いたようなことはありますか？」
「ありません」
「中野さんは、触ったかどうか、という点についてどのような話をしていたのでしょうか？」
「彼は、はっきりとした記憶はなかったようです。ただ、途中から思

い出したらしく、被害者の胸を触ったという話をしました」
「中野さんは、どのような経緯でその話をしたのですか？」
「私は彼に、いったい何をしたんだ、という趣旨の質問をしました。最初はあまり覚えていないということを言っていたのですが、そのうち触ったかもしれないという話を自分からしていました」
「あなたは、中野さんが何をしたのかということについて、誘導的な質問をしていませんか？」
「していません。彼は自分から話していたと思います」
「あなたは、中野さんに対し、自白しなかったら裁判官の心証が悪くなるという趣旨の話をしませんでしたか？」
「そんな話をするはずはありません。刑がどうなるか、という話はわれわれには関係がありませんし」

file 3 被告人が体験したとんでもない取調べ

　私は2000(平成12)年6月3日に窃盗の容疑で逮捕された。
　仕事仲間と酒を飲んだ後の帰宅途中で、泥酔していた私は、駅の改札口付近で眠り込んでしまった。ふと目が覚めた時、終電を終えた駅の構内は真っ暗闇で、私の隣には私に寄り添うように男性が寝ていた。真っ暗闇の中、私はこの男性をこの日一緒に飲んでいた会社の先輩だと思い、声をかけた。そして2人で少し話した後に、後輩である私がタクシーを拾いに行くことになり、私は、先輩からタクシー代を預かり、逆に預金通帳その他が入っているカバンを預けて歩き出した。すると、少し歩いたところで、まったく知らない男から突然脇腹を殴られた。その男は鉄道警察隊の警察官だった。そして、私はその場で逮捕され、以降、約6ヶ月の間、勾留されることとなった。
　実は、私にタクシー代を預けてくれた男性は、先輩ではなかった。しかし、泥酔していた私は、暗闇だったこともあってその人を先輩だと信じ込んでいたし、男性のほうも私の話に相槌を打ち、タクシーを拾うために「先輩、お金」と言った時も、横になったままではあったが、「カバン、カバン」と言って自ら財布の場所を教えてくれたのだ。したがって事実は、2人の酔っ払いが事実をきちんと認識できていなかったにすぎない。私は、あとで先輩とは別人だとわかったら、謝ってお金を返したはずだ。男性も私に預金通帳の入ったカバンを返してくれただろう。しかし男性は、鉄道警察隊の警察官に「あなたは今、スリに遭ったんですよ」と言われるがまま、被害届を出してしまった。

　裁判は、一審の東京地裁では有罪となったが、当時横浜刑務所に勤務していた医師や、裁判官の職権によって選ばれた大学教授が私の無実を後押ししてくれたこともあり、2002(平成14)年10月7日に控訴審の

東京高裁で逆転無罪判決を得て私の無罪は確定した(『裁かれるべきは誰か──刑事裁判物語』〔現代人文社、2007年〕参照)。

　誤認逮捕されるまでの私は、"取調べ"がどのように行われるのか、具体的にはわかっていなかった。もちろん、映画やドラマ等で取調室がどんなものか、どのような状況で取調べが行われるのか程度は見たことがあった。しかし、初めて取調室に通された時の威圧感と恐怖感は想像を超えるものだった。そして、これほどまで話を聞いてもらえず、話したことを歪められるものとも思っていなかった。逮捕される前の私は、警察を正義の味方だと思っていたが、現在の私は必ずしもそうは思っていない。

　私は、品川駅構内で逮捕された後、車で3分程度の高輪警察署の取調室に連れていかれた。建物に入ってから取調室に入るまでの間は廊下の壁沿いに10人弱の警官が並んでいた。ふと見ると、その中には先ほど私を逮捕した鉄道警察隊の警察官もいた。私と目が合うと、その警察官は私を指さしながら「バカが。ああゆうのが一番ムカつくんだよ」と言った。この警察官は、この日の取調べが終わり、私が手錠と腰縄をつけられて留置室に連れていかれる際にも「バカが。人生棒にふりやがってよ」と吐き捨てるように言った。

　取調室に通されパイプ椅子に座らされると、しばらくして一人の刑事が入ってきた。この刑事の取調べは最初とても丁寧な感じだった。しかし、その内容は、私を犯人と決めつけ、自白を求めるというものであった。丁寧な言葉遣いで自白を求められても、やっていないことはやっていないので、私は繰り返し状況を説明した。当然、話は平行線をたどり、刑事は徐々に乱暴な態度へと変わっていった。私がいくら状況を説明しても確認をとるというようなことはせず、しまいには「そんなの俺はその場にいなかったんだからわからねえよ」と言いだした。私は「でしたら逮捕した方と話をさせていただけませんか」と頼んでみた。逮捕した警察官と私が当時の状況を確認しあい、それを客観的な第三者に聞いてもらえれば誤解はすぐに解ける。この時点での私はそんなふうに考えていたのだが、それが叶うことはなかった。

取調べが始まってからある程度時間が経った頃、調書がとられることになった。私が罪を認める気がないとわかった刑事の態度は、ますます横柄なものになっていた。今はノートPCに変わっているらしいが、この時はラップトップ型のワープロで調書を作成していた。刑事の質問に私が答え、それを刑事がワープロに打ち込むというスタイルだ。言葉を適度に区切り、ゆっくりと答えたつもりであったが、この刑事がワープロを打ち込むのがとにかく遅く、できることなら私が代わりにワープロを打ってあげたいと思うほどだった。

　私は、とにかく自分の無実をわかってもらうため、質問には丁寧に答えた。しかし、刑事は私の答えとは少しずつニュアンスを変えたり、言葉を省略したり、また勝手なストーリーを作って調書を作成した。言葉というものは少しニュアンスを変えるだけで、乱暴にも、ふてくされたような言い回しにもなる。まして大事な部分を省略されたり、勝手なストーリーを付け加えられたら、まったく別の行動をしたような調書ができ上がってしまう。

　たとえば、「私は隣にいた人のカバンから現金を取り出した」と書かれた調書があったら、それを読んだ人は私をスリだと思うかもしれない。人によっては、私が犯行を認めたと思うかもしれない。しかし、「私は隣にいた人の"了解を得て"カバンから現金を取り出した」と書いてあれば、誰も私を犯罪者だとは思わないはずだ。わずか5文字の省略が、後で裁判になった時に大きな不利となるのだ。"了解を得た"というのが本当か否かは、他の人からも聴取すればよいことであって、少なくとも私の調書については私が話した言葉どおりに作成するべきなのだ。

　しかし、警察官や検察官は、のちのち裁判になる可能性があることを知っているので、法廷で検察側にとって有利になるようなストーリーを残そうとした。私はその都度、訂正を求めたが、刑事は面倒臭そうに「意味はだいたい同じだろ！」などと怒鳴って、なかなか訂正してくれようとはしなかった。

　別の刑事の取調べも受けたが、私を犯人と決めつけているという点では、先の刑事と同じだった。「きちんと話を聞くから何でもしゃべって

みろ」と言うので、私は理解してもらうために丁寧に説明した。しかし、"やってない"という私の言葉は調書にはしてもらえなかった。それどころか、「ポリグラフ（嘘発見器）で検査をするから、お前が言っていることが嘘か本当かは一発でバレるんだぞ」と言って自白を迫った。

　私は、"バレる"という、嘘をついていることが前提の言葉には少々頭にきたが、ポリグラフがそれほどまでに優秀な機械なら、自分の言っていることが本当であることの証拠になると思い、かえって嬉しかった。しかし結局、ポリグラフによる検査は行われなかった。無実の証拠を作るのが嫌だったか、ポリグラフ検査の話は自白をとるための単なる脅しだったのだろう。

　その後の取調べは「本当にやっていないのなら、無実の証拠を出してみろよ」としつこく言われるだけだった。しかし、勾留中で何も持っていない私にできることは、事実を話すことだけである。あまりにしつこいので「でしたら嘘発見器にかけてください」と、こちらから言ってみた。すると、警察官は勢いよく机を叩くと、「お前が俺の息子だったらぶん殴ってるよ！」と怒鳴った。私はこの警察官の息子に生まれなくて本当によかったと思ったが、警察官が机を叩いた時の尋常でない目つきが恐くて何も言えなかった。身体の自由が利かない勾留中は、バーンと机を叩かれるだけでも本当に恐いのだ。

　とにかく「やった」と認めない私に対して、むりやり自白させることはできないと思ったのか、これ以降の取調べでは事件とは関係のない話を聞いてくることが多くなった。「趣味は何だ」とか「普段の小遣いの使い道は？」などだ。当時の私は、仕事帰りに格闘技道場に通っていたので月謝として１万円を払っていたが、道場にほぼ毎日通っていたのでほかにお金を使うことはほとんどなかった。

　ほかにも「車は好きか？」などと聞いてきた。この警察官はなぜどうでもよい話ばかりしてくるのだろうと思ったが、ソフトな口調で聞いてくるし、熱心に聞いているようなので、こちらも真摯に答えた。常習犯だと思われていた節があったので、普段の自分を説明して、自分が犯罪者ではないことを知ってもらいたいという思いもあった。

ひととおり質問を終えた刑事は調書を作り始めた。どんな調書を書いてくれたのかと思っていると、「私は格闘技や車など趣味をたくさんもっていて、それぞれにお金がかかります。とくに車は大好きでローンの支払いもたいへんだし、維持費もかかるのでたいへんです」と書かれていた。そして続けて「今回窃盗の容疑で現行犯逮捕されましたが、私は認めたくありません」と書いてあった。「なんだこれは」と思った。金遣いが荒くてお金に困って窃盗を犯し、その場で逮捕されたにもかかわらず罪を認めないとしか読めないではないか。
　ソフトな口調が一変して恐い顔になった刑事から「調書にサインしろ」と言われたが、勇気を出して「せっかく書いてもらったのですが、お金に困るほどの趣味はもっていませんのでお断りします」と断った。すると、「お前が話したことじゃないか！　だったら趣味はたくさんもっていましたがお金に困ることはありませんでした、と書けばいいのか！」と怒鳴られた。それでも私は断固として拒否した。そしてもう何も話さないことにした。「窃盗でたくさん稼いでいるから趣味がたくさんあってもお金には困りませんでした」などと書かれたらたまったもんじゃないと思ったからだ。

　この刑事なら、自分が話したとおりの調書を作ってくれるかもしれないと思っていたのに、裏切られた気分だった。刑事を信じて何度も何度も説明した自分を情けなく思った。同時に、事件とは関係のない話をしているように見せかけて、どんなことからも犯行の動機に結びつける警察のテクニックはすごいと思った。
　その後も、この刑事は私が何度説明しても「嘘をつくな」とか「自分の心に正直になれ」「本当のことを言って罪を認めろ」と言うばかりだった。それは、勾留中に取調べをした検察官も同じだった。話が平行線になると「毎日接見に来てくれている家族に悪いと思わないのか」とか「弁護士はお金をもらっているから弁護しているけど、本当はお前が無実だなんて思っていない」と言って私を孤立させようとした。ソフトな口調で会話を引き出し、それを自分の考えたストーリーにアレンジして検察側に有利な調書を作ろうとしたが、それが無理だとわかると、人間の弱い部

分を攻めてきたのである。

「お前が罪を認めないなら、お前が一緒に暮らしているお祖父さんやお祖母さんを警察署に呼んで調書を作ることになるな」とか「お前の妹が嫁いだ先に行って、お前が窃盗の容疑で逮捕されたが普段はどうだったか聞き込みをする必要があるな」とも言われた。これらは実際には行われなかったが、私の勤めていた職場に行き、私が窃盗の現行犯で逮捕されたことを伝えたうえで私の素行を調査した。私の先輩には警察署まで来させて事情聴取を行った。親しい人や家族に対して、人質である私を返してほしければ警察に協力して、私が罪を認めるよう説得しろということだ。私に対しては、私の自白と引き換えに親しい人や家族に対する嫌がらせをやめてやるということになる。

自分のことなら何をされてもかまわない。しかし、職場の上司や先輩、そして家族に対する嫌がらせや脅しは本当につらいものだ。「俺はやってない」という気持ちを強くもとうとする一方で、何度心が折れそうになったかわからない。最終的には、「罪を認めればすぐにでもここから出られるぞ」という利益誘導まであった。しかし、それでも脅しに負けず、やってもいない罪を認めずに済んだのは、応援してくれた友人・知人、家族の支えがあったからだ。そして、私のために毎日接見に来てくれた弁護士さんのおかげだと思っている。

現在、こうした取調べの実態に透明性をもたせるために「取調べの可視化」を進めようという議論がある。具体的には取調べの様子を録画・録音しようという提案だ。被疑者・被告人が素直に取調べに応じなければその様子が記録されることになるし、取調べの段階と法廷に出廷した際に言ったことが変わっていれば比べることができる。そしてなにより、無実の人に対して自白の強要がなされていたら、裁判官や裁判員が無罪の判断をすることができる。

私は一日も早く「取調べの可視化」が実現することを望んでいる。

取調べの実態と供述調書

　みなさんは、本当にやっていない人ならば自らの身の潔白を訴えるはずだ、と思われるかもしれません。だから、無実であれば自白をした供述調書が出てくるわけはない、と。

　しかし、それは必ずしも正しい認識ではありません。実際に取調べを受けて「虚偽の自白調書」が作られてしまった人は大勢いるのです。第3部でご紹介する足利事件の菅家さんもその一人でした。ご存知のとおり、菅家さんは、服役中にDNA型鑑定によって無実が証明されています。

取調べの目的は自白をとること

　犯罪を疑われ逮捕された人は、通常、警察の留置場に入れられます。そして、最大23日間、警察官や検察官から取調べを受けることになります。

　捜査機関にとって、被疑者の取調べは、事件の内容を把握するために、そして他の捜査を進めていくうえできわめて重要です。そして、そこで得られた「自白調書」は、裁判ではとても有力な証拠となります。

　したがって取調官は、あらゆる手段を駆使して自白調書をとることに力を注ぎます。むろん、取調官のこうした熱意は正義感からくるものであり、「犯罪者を見逃してはならない」という強い意思の現れでしょう。しかし、その熱意が暴走すれば、時に、被疑者に対し虚偽の自白を強要したり、暴力や暴言、誘惑、極端な誘導等の不当な取調べを生む大きな危険につながります。

供述調書の鵜呑みは危険

　取調べが終わると、「供述調書」が作成されます。供述調書は、取調べをした後に警察官や検察官が作成し、被疑者に読み聞かせて、被疑者が

確認したという意味で、被疑者の署名・押印がなされます。

　しかし、被疑者が確認をしたはずの供述調書をめぐって、刑事裁判で熾烈な争いになることは珍しくありません。なぜなら、供述調書は、被疑者の言い分をそのまま記載したものではないからです。

　たとえば、file 2の中野さんは、罪を犯したという記憶はなく、取調べでは一貫して「覚えていない」と言っていました。ところができ上がった調書では、「触りたいという気持ちが湧き起こりました。……田端さんの胸を触ったような記憶があります」と、なんとなく犯行を認めるような内容になっていました。

　これは、中野さんが事件当時のことをよく覚えていないのをいいことに、単に可能性として「あったかもしれない」と答えたことをあたかも「あった」かのように誇張して書いた例ですが、殺人事件でも、被疑者は「殺すつもりはなかった」と言っていたのに、「普通、包丁で刺したら人が死ぬかもしれないよな。今、冷静になって考えれば、被害者が死ぬ危険があることがわかるだろう」などと言って、結局は「被害者が死ぬかもしれないことはわかっていました」などと書かれてしまうことがあります。実際のやりとりを見れば、被疑者は頭の中が真っ白になって刺しただけで、死んでもかまわないなどと考えていなかったことはわかるのですが、供述調書だけを見ると、それはまったくわからないのです。

取調官は証人尋問で本当のことは言わない

　それならば、取調官を証人尋問して、誘導や脅しがあったかどうか確認すればよいと思われるかもしれません。しかし、取調官は証人尋問で、誘導や脅しによって自白をとったなどと言うことはまずありません。

　当然です。彼らは、誘導したり脅したりしたとは思っていなかったり、思っていても、それが違法な取調べであることは承知しているので、自ら「違法な行為をしました」と言うわけはないからです。そんなことを言えば、自分の立場が危うくなるばかりか、警察・検察全体の信用を失墜させることになりかねません。

　取調官は、日常的に「社会正義」のために捜査を行っています。そし

て、なんとか犯人を挙げようと頑張っているので、自分の行為が間違っているという考えは、なかなか生じにくいと思われます。そのため、曖昧な記憶が、自分にとって都合のいいように変わってしまう危険があります。記憶の変容です。それで、明らかな誘導なのに「犯人がついに心を開いた」と思い込んでしまったり、机を叩いたことを忘れてしまったりしている可能性があります。

　法廷において取調官はたいてい、適切・誠実な取調べがされたかのように証言します。事前に、警察内部や検察官との間で、誠実に取調べをしたことをどのように証言するかについて十分に打合せをしてくるのです。

　もちろん、被告人にも、被告人に対する質問の中で、いかに不当な取調べがなされたのかについて話をしてもらいます。

　しかし、裁判官は、被告人の言い分を信用することはほとんどありません。裁判官には、「被告人は罪を犯している」「罪を犯している以上、責任逃れのために嘘をつくであろう」という考えが根底にあるからです。

　ですから、取調べについて取調官と被告人の証言が食い違う場合は、どうしてこのような供述調書になったのか、「警察官や検察官は信用できる」「犯罪者は信用できない」などという偏見を捨てて、虚心に双方の証言に耳を傾け、真実を見極めようという姿勢が大切です。

なぜ「自白調書」に署名・押印するの？

　では、被疑者・被告人は、調書の内容が間違っているのになぜ署名・押印してしまうのでしょうか。

　留置場に入れられ、外の世界と遮断された状態は、ただでさえ恐怖・不安が増大します。また、否認しようものなら、毎日のように、朝から晩まで取調べを受けます。取調室は狭苦しく、密室で、刑事と２人きりあるいは刑事２人と自分だけしかいません。そのような中で、自分の話すことは一切信用されません。時には、「お前は人間として失格だ」「お前のような奴は絶対、刑務所に送ってやる」「お前の言うことなんて誰も信用しないぞ」「人間の屑だ」などと罵詈雑言を浴びせられ続けます。

社会にいれば、自らその環境を離れるという手段があります。しかし、身体を拘束されている以上、被疑者・被告人は、環境から離れるという最終手段もとることができません。そのような中で、被疑者・被告人は精神的・肉体的にどんどん追い込まれていくのです。

　虚偽の自白調書をとられた被告人が「もうどうなってもかまわないという気持ちだった」と言うのを聞くことがあります。何を言っても聞いてもらえず、疲労困ぱいしてくると、積極的になんとかしようという気持ちがなくなってきます。そんな状態で署名・押印を迫られれば、たやすく言うことをきいてしまっても不思議ではありません。

　また、調書の内容をしっかり確認しないで署名・押印してしまうこともあります。それは、長時間の取調べのために極度の疲労から内容が頭に入らなかったり、言い分を聞いてもらえないことで投げやりになっていたりするためです。単に調書の重要性を理解しないまま、何も考えず署名・押印してしまうこともあります。

　ごく普通の社会で平穏な生活を送っていると、被疑者・被告人が置かれた状況、調書が作られた時の状況、被疑者・被告人の心理状態、警察官や検察官が意外なほど不当な取調べをすることに思いを至らせることは、難しいかもしれません。しかし、それらを想像してみることで見えてくるものもあるのです。

file 4 逮捕されると解放してもらえない

　日野は、都内のマンションで一人暮らしをしている33歳の銀行マンである。新卒で入社して以来10年間勤めている都市銀行で、最近、大きなプロジェクトのチームリーダーを任され、多忙な日々を送っている。

　ある金曜日、日野は、仕事帰りに同僚と居酒屋に飲みにいった。責任のある仕事を任され、嬉しくもある反面、やはり重圧からストレスを感じていた日野は、1軒、2軒と飲み屋をはしごして、ついつい深酒してしまった。そして終電を逃してしまったので、帰宅しようとタクシーに乗り込んだ。

　気がつくと、日野は「おい、起きろ」と誰かに強く揺さぶられていた。ぼんやりと目を覚ますと、警察官が目の前にいた。隣にはもう1人警察官がいる。「ここはどこだ？　なんで警官がいるんだ？」

　まだ酒がまったく抜けておらず、しかも目覚めたばかりで朦朧とした意識のままボーッとしていると、面倒臭そうな表情をした警察官が「こっちに来い」と乱暴に日野を引っ張った。その勢いで、日野は地面に倒れ込んだ。泥酔状態だった日野は、「何すんだよ！」と警察官に詰め寄り、とっさに警察官の胸ぐらを掴んでしまった。日野はその場で、公務執行妨害罪で現行犯逮捕された。

　翌土曜日の朝、日野は、警察署の留置場の一室で目を覚ました。何が起きたのか、なぜここにいるのか、まったく覚えていなかった。

　警察の取調べを受ける中で、昨晩の出来事を知った。日野はタクシーの中で眠り込んでしまい、いくら声をかけても起きないので、困ったタクシーの運転手が日野を交番に連れていったのだ。そこで警察官が日野を起こそうとしていたところ、目を覚まして混乱した日野が警察官の胸

ぐらを掴んでしまったらしい。日野は、自分がしでかしたことを知って驚き、意気消沈した。自分はなんてことをしてしまったのだと深く後悔した。

　このまま警察に長く捕まっていると、会社を欠勤することになる。何日も休むことになったらプロジェクトに支障が出る。もしこの事件のことが知れたら、会社をクビになるかもしれない。日野は、とにかく早く帰りたい一心で、警察官による取調べに素直に応じた。そして「私は酔っぱらってしまって、起こしてもらった警察官に暴力を振るってしまいました」と書かれた調書に署名・押印した。

　日曜日、日野は検察庁に連れていかれ、検察官の取調べを受けた。その足で今度は裁判所に連れていかれ、裁判官による勾留質問という手続を受けた。検察庁でも裁判所でも、日野は自分のしでかした（と警察に教えられた）ことを素直に認めた。
　しかし、結局、日野は、警察署に10日間「勾留」されることになってしまった。勾留を決定した裁判所の判断は、「罪証隠滅のおそれ」と「逃亡のおそれ」があることを理由とするものだった。日野には、自分がどんな証拠をどう隠滅できるのかわからなかったし、10年近くも勤めて信用を築き上げてきた仕事があるのに、なぜ逃亡のおそれがあると言われるのか、さっぱり理解できなかった。
　途方にくれた日野は、勾留質問の際に聞いた、1回は無料で弁護士に面会してもらえる「当番弁護士制度」のことを思い出し、当番弁護士を頼むことにした。面会に来てくれた弁護士の話によれば、勾留に対する準抗告（不服申立て）をして、勾留をとりやめるよう裁判所に申し立ててみるが、一般的にはこの準抗告が認められて解放されることはあまりない、とのことだった。
　しかし、せっかくつかんだ仕事のチャンスをこんなことで台なしにすることはできない。日野は、ワラにもすがる思いでこの弁護士に準抗告を依頼した。
　結局、この件では、最終的には準抗告が認められ、勾留は取り消されたが、日野が自由の身になったのは逮捕から5日後のことだった。

不必要な長期間の勾留

どんな時に勾留が認められるか

　被疑者は、逮捕された後、必要があれば引き続いて10日間「勾留」することができます。勾留をするためには、①住居不定、②証拠隠滅をするおそれがある、③逃亡するおそれがある、のいずれかの理由がなければなりません（刑事訴訟法60条）。さらに法律は、勾留が許されるのは証拠隠滅や逃亡の「おそれがあると疑うに足りる相当な理由があるとき」としており、抽象的な可能性にとどまらず、具体的な事情があることを条件としています。

　では、file 4の日野さんには、本当に「勾留」される理由があったのでしょうか。具体的に検討してみましょう。

　まず、日野さんの場合は、都内のマンションに暮らしているので「住居不定」には該当しません。

　次に、「罪証隠滅」とは、具体的には、たとえば犯罪事実を証言する被害者や目撃者などを脅迫したり、犯罪の証拠となる物を破棄するなどして、犯罪の証拠を隠滅することですが、日野さんの場合、公務執行妨害罪の被害を受けた警察官や、すぐ隣でその様子を目撃していたもう1人の警察官の目撃証言が証拠です。当然すでに警察官の調書が作成されているはずですし、一般人である日野さんが警察官を脅迫して証言できなくすることなど想定できないので、そもそも隠滅できる証拠などないといえます。

　また、日野さんは同じ会社に10年間勤めていて、ようやく大きなプロジェクトのチームリーダーを任されたばかりです。こんなことで会社の仕事を放り出して逃亡するなどとは考えにくいといえます。

　このように1つずつ見てみると、日野さんにはとうてい勾留する理由があったとは思えません。にもかかわらず、日野さんは勾留されてしまったのです。

裁判所はなぜ被疑者を勾留するのか

　しかし、この日野さんのような事案は、残念ながら決してレアケースではありません。むしろよくある事例です。2008年の統計では、検察官が請求した勾留が認められなかったのはたった1％の事件にすぎません（逆にいえば、約99％で勾留が認められてしまったということです）。

　裁判所は、被疑者を勾留するかしないかの判断をする際、検察官から提出された記録だけで検討します。しかも、担当の裁判官は1日に何件も事件を処理しなければならないので、1件ずつの記録には短時間しか目を通せません。勾留質問という手続では被疑者本人に直接会いますが、それも短時間できわめて形式的な質問がなされるだけのことがほとんどです。つまり、裁判所には1件、1件、丁寧に勾留が必要かどうかを検討する時間がありません。

　そこで、裁判所は、常に安全策をとりがちになります。「もしかしたら逃げるかもしれない」「もしかしたら証拠を隠滅するかもしれない」「真犯人を取り逃がして、証拠を隠滅されてしまってはたいへんだ」

　被疑者を勾留しておけば、逃げられる心配も証拠隠滅を図られる心配もまずありません。裁判所や社会が「たいへんだ」と考える事態は避けられるでしょう。

　しかし、それならばなぜ、法律はあえて勾留に厳格な条件をつけているのでしょうか。

勾留によって被る損害

　実は「勾留」は、法律で「例外」的な措置と位置づけられています。つまり、よほどのことがないかぎり勾留してはならない、ということです。
　それはなぜでしょうか。
　まず、容疑者として逮捕されたとしても、その人は犯人ではないかもしれません。何もしていないのに、何日も拘束されてよいものでしょうか。
　また、たとえ犯人であったとしても、軽微な事件で罰金刑で終わった

り、懲役刑になったとしても執行猶予が付く場合は、その人はすぐにこれまでどおりの生活に戻るのです。人には自分の生活があり、仕事があります。養わなければならない家族がいる人だっているでしょう。そんな人が10日も20日も出社できず、家にも戻れなかったらどうなるでしょうか。顧客を失って会社をクビになるかもしれません。家族は路頭に迷ってしまうかもしれません。これまで自分が築き上げてきたものが、勾留が解かれた時には崩れ去っているかもしれないのです。

　だいたい、普通の生活を送ってきた人が、証拠の隠滅だの逃亡だのを考えることはまずないと思います。そんな人までをも「もしかしたら」と心配して勾留してしまうのは、心配性過ぎないでしょうか。

勾留が刑罰であってはならない

　「罪を犯したんだからしょうがない」と考える人もおられるかもしれません。しかし、罪を犯したことに対しては、「刑罰」によって罰を受けるのです。判決が出るまでの間に受ける身体拘束は、「刑罰」ではないはずです。にもかかわらず、本人にとっては、実質、刑罰以上の罰を受けることになる場合があるのです。

　そして、それに対して、勾留をやめさせるために「準抗告」を行っても、認められない事案が多く存在します。犯罪の事実を認めずに否認していると、さらにその可能性は高まってしまいます。それどころか、否認している場合は、最初の10日間に続いて、さらに10日間、勾留期間が延長されてしまい、トータルで20日間勾留されることも、ごく日常的なことです。

　本来ならば、人の自由を奪うという人権制約には裁判所が厳しくチェックしなければならないのですが、残念ながら現状では、その最後の砦が十分に機能しているとはいえない状況にあるのです。

file 5 黙秘すれば反省していないと思われる

　司郎と法子はつきあって２ヶ月になる恋人同士だ。近い将来には結婚しようという話も出ている。司郎は、２人で会って遅くなった時には必ず法子を家の近くまで送ったり、普段２人で歩いている時も必ず車道側を歩いたり、法子のことをとても大切にしていた。
　他方、圭二も、司郎にとってとても大事な友人だった。よく２人でお酒を飲んだり、遊びに行ったり、将来を語ったりしあう仲だった。
　司郎にとって、法子と圭二は人生の中でかけがえのない存在であった。
　そんなある日、司郎は、法子の紹介を兼ねて圭二と３人で居酒屋で飲むことにした。法子と圭二もすぐに打ち解けて、連絡先を交換したり、「また３人で遊ぼう」などと約束をしていた。

　３人の飲み会から１ヶ月ほど経ったある日、司郎と一緒にいた法子の携帯に一本の電話が入った。それは、どうやら圭二のようであった。法子は少し慌てている様子だ。司郎は、「なぜ自分ではなく法子に？」と思い、言いようもない不安に襲われた。そこで電話が終わった後で法子に問いただした。
　「なんで圭二から電話がきたの？」
　「なんでって。前、連絡先交換したじゃない」
　「そうじゃなくて、どんな用事なの、って聞いてんの」
　「何でもいいじゃん。関係ないでしょ」
　「関係ないことないでしょ。圭二は俺の親友だし」
　「あー、もう面倒臭いな！　何でもないんだって！」
　法子が怒り出したので、司郎はそこで質問をやめた。
　しかし、どうしても気になったので、司郎は家に帰ってから直接圭二

に電話をし、なぜ法子に電話をしたのか問いただした。圭二は、最初は何でもないと言い張っていたが、そのうち、「わかった。正直に話すよ。電話で話すことでもないし、今からお前の家に行くから」と言ってきた。司郎は「わかった」と言って電話を切った。

　その夜8時頃、圭二が司郎の家にやって来た。そこで圭二が話したことは、司郎にとって衝撃的な事実だった。
　圭二は、法子と会った時、実は一目で彼女のことを気に入り、その後何度か法子と2人で会っていた。法子は最初のうちは拒んでいたが、そのうち圭二の押しの強さに負けて2人で会うようになったらしい。そして、何度か会ううちに法子のほうも圭二に好意を抱くようになり、ついには肉体関係をもつようになった、というのだ。
　「すまん！　司郎！」圭二は、土下座して司郎に謝った。
　司郎はあまりのショックにぼう然としていた。誰よりも大切に思っていた2人が、信じていた2人が……。頭の中が真っ白だった。2人に対する激しい憤りと裏切られたことへの強い悲しみがないまぜになって、もう何が何だかわからなかった。
　そして自分でも気づかないうちに、司郎は圭二に殴りかかっていた。圭二の顔面を何度も殴り、その後、倒れた圭二の顔面をサッカーボールのように蹴り上げた。圭二は無抵抗だった。
　気づいた時には、圭二は血まみれになって倒れていた。
　「おい！　大丈夫か！」
　司郎が声をかけても、圭二に反応はなかった。
　司郎はすぐに救急車を呼び、圭二を病院に連れていってもらった。司郎も付き添った。しかし、医者の努力もむなしく、圭二はそれから30分後に息を引き取った。
　その日、司郎は殺人の容疑で逮捕された。

　取調べで司郎は、刑事から「殺すつもりだったんだろう」と問い詰められた。
　しかし、司郎にはそんなつもりは毛頭なかった。司郎にとって圭二は

親友であり、法子と同じくらい大事な存在だった。殺そうなんて考えるはずがない。

　司郎は、「たしかに自分は怒っていました。だけど殺そうと思うわけないでしょう！　俺は圭二のことが大好きだったし、親友でした。殺そうと思うことなんて絶対ありえません。もし殺すつもりがあったなら、もっと酷い暴行を加えるはずだし、何か凶器みたいなものを使うんじゃないですか。絶対殺そうとなんて思っていません！」と懸命に訴えた。

　しかし、刑事は聞く耳をもたない。

　刑事は、「何言ってんだ。圭二さんはお前の女を盗ったんだろう。だったら、死んでもいいと少しくらい思うもんだ」「お前のような奴は言い訳ばっかり言って正直に話そうとしない。人を殺しておいてその態度は何だ！」「お前の言うことなんて誰も信用しない。裁判官だってそうだ。裁判の時、裁判官は、お前が今言っていることなんて絶対嘘だと思うぞ。誰が聞いたってそうだ。いい加減、圭二さんが死んでもいいと思ったと正直に話したらどうだ！」などと司郎を問い詰めた。

　最初の取調べが終わった頃、弁護士が接見にやって来た。司郎の両親が雇ったのだ。

　弁護士は、司郎から事情を聞いたうえで、真実は裁判で話せばいいこと、このまま取調べを受け続けたら殺意があるかのような調書を作られる危険性があることを説明し、それを回避するために黙秘することを勧めた。

　司郎は、親友である圭二に対して、自分が殺意をもっていたと思われることが屈辱であった。なにより、そのような意思があったとされることが圭二に申し訳ないと感じていた。そこで、弁護士のアドバイスに従って、裁判の時にすべてを話すことにし、取調べに対して黙秘することにした。

　その後、検察官は、殺意があったとまではいえないと判断し、司郎を傷害致死罪で起訴した。

　裁判が開かれた。圭二の母親が、被害者の遺族として陳述をすること

になっていた。
　母親は、証言台に出るなりワーッと泣き出した。なかなか泣き止むことはなかったが、そのうち、ゆっくりとではあるが力強く話し始めた。
　「私の大事な息子は、ここにいる司郎に殺されました。私にとってかけがえのない息子であり、いつも私の身体のことを心配してくれました。しょっちゅう電話してくれたり、家まで私の様子を見に来てくれたりしました。とても優しい息子でした。そんな息子を、ここにいる司郎が殺したのです。
　司郎は、刑事さんの取調べのときに黙秘していたと聞いています。本当に反省しているならば、なぜ、正直に話そうとしないのでしょうか。息子のことなど何も考えず、自己保身に走ったのです。私は、司郎のことは絶対に許せません。可能ならば、司郎を死刑にしてほしいです」
　司郎は、圭二のことを思い出し、また、自分がやってしまったことの罪の重さを感じながら、ずっと涙を流していた。

黙秘権の行使

　file 5の司郎さんが黙秘していたことについて、みなさんはどのような印象をもたれたでしょうか。反省しているならなぜ正直に話さないんだ、黙秘をするなんて卑怯だ、と思われたでしょうか。司郎さんは、本当に取調官に対して正直に話をし続けるべきだったのでしょうか。
　現実には、このような場合に黙秘を勧める弁護人は、決して稀ではありません。このような弁護活動は間違っているのでしょうか。

黙秘は「虚偽の自白調書」をとられないため

　否認事件における取調べは非常につらいものです。
　たしかに、自白している事件や、否認していても被疑者の主張が正しいと判明した場合（たとえば、被疑者が「殺すつもりはなかった」と主張している時に、それを裏づける有力な証拠が見つかったような場合）は、取調べはそれほど厳しくはありません。取調官にとってほしい証拠は揃っているからです。
　しかし、一部でも否認していて、被疑者の主張が明らかに正しいとも間違っているとも断言できる証拠がない時は、取調べは一般的に非常に厳しいものとなります。それは、取調官にとってほしい証拠が十分揃っていないからです。このような場合、取調官は、なんとかして「自白」をとろうと頑張ります。その方法はこれまでみてきたとおりです。
　窓もなく無機質な壁に囲まれた狭い留置場に何日も閉じ込められ、「お前がやったんだろう」「殺意はあっただろう」などと来る日も来る日も追及される毎日。さらに、そこには自由もありません。食事も睡眠も、日常の行動すべてに制限を受けます。会社や家族のことが心配になっても、家に帰してくれるわけではありません。
　そして、被疑者からよく聞くのは「自分の言うことを一切信じてもらえないことがとてもつらい」ということです。むろん、取調官が被疑者の言うことを簡単に信用してしまうと、十分な取調べはできません。で

すから、被疑者の言うことを簡単には信用しない、というのは取調官にとってはごく当たり前のことです。ただ、被疑者からすれば、これはたいへんな苦痛です。被疑者にとって、拘束中にともに過ごす時間が最も長いのは取調官です。その取調官が、自分の言うことを信用してくれないばかりか、なんとか自白させようと、脅したり罵詈雑言を浴びせてくる。そんな人と毎日、狭い部屋で過ごさなければならないのです。このような状況で自分を保って主張を続けられる人が、いったいどのくらいいるでしょうか。

　しかも、実務上は、身体拘束されている被疑者には取調べを受ける義務があるとされていますから、「こちらの言い分をきちんと聞いてくれないなら取調べを受けたくない」と思っても、強制的に取調室に連れていかれてしまうのです。取調べから逃れる術はありません。

　そうであるなら、被疑者が自分の身を守るためには、取調官と話をしない、という方法によって取調官から逃げるしかありません。何を言っても、怒鳴られたり、逆手にとられたり、説得しようとされたりするくらいなら、何も言わないほうがましだというのは誰もが理解できる心境でしょう。そして、ここが重要なところですが、あれこれ言って、結局、自分の言い分とは違う調書が作られるなら、おかしな調書を作らせないように黙っているほうが賢明です。

　したがって、黙秘をしているからといって、すぐに反省をしていないと決めつけるのは早計です。これまでみてきたように、現実の取調べでは自分の意に沿わない供述調書が作られることは往々にしてあります。これを阻止するために、弁護人はあえて黙秘をさせるという手段をとっているのです。

file 6 曇らない目をもてない裁判官

　大久保のもとに、ある日、警察から電話があった。
「板橋さんと田町さんのもめごとの件で少し聞きたいことがあるから、署まで来てくれませんか」
「もめごと」については心当たりがあった。
　田町と一緒に経営している不動産会社の客で、懇意にしていた板橋が、ある時、会社に来て、「預けた金を返してくれ」と迫ってきたことがあった。板橋は、3ヶ月前に田町から不動産投資のためと言われて1000万円を預けた、しかし、いつまで経っても商品の案内が来ない、騙されたのではないか、と言うのだ。
　大久保にとっては寝耳に水だったが、板橋は、「田町が、大久保も了解していると言っていた」とも言った。そして、帰り際に、「もし金が返ってこなかったら、警察に訴えるぞ」と怒鳴った。
　その後、田町を問い詰めると、「すまん。資金繰りに困って、板橋さんから金を引っ張っちまった。この件は俺がなんとかするから、大丈夫だから」と言っていた。
　しかし、それから2ヶ月後、突如、田町が警察に逮捕されてしまった。そして、その10日後に、警察から話を聞きたいとの電話があったのだ。
　大久保は、自分の知っていることはあまりないのだが、と思いつつ、とりあえず警察に向かった。

　しかし、警察についたとたん刑事から言われた一言は、大久保の予想もしない内容だった。「お前、田町と一緒になって板橋から金を騙し取っただろう」
「いや、違いますよ。あれはあいつが勝手にやったことで」
「田町は、お前に指示されたって言ってる。お前にも逮捕状が出てい

る。この場で逮捕する」
　あとは、わけがわからなかった。いきなり手錠をはめられ、留置施設で裸にされ、身体検査と所持品の押収がなされた。
　その後、警察の取調べでも、検察官の前でも、自分は無実だと何度も訴えた。
　しかし、逮捕から23日後、大久保は起訴されてしまった。
　真実が通らないことが信じられなかったが、大久保が驚くのはまだこれからだった。

　大久保が起訴されたのは、東京地方裁判所刑事第〇部であった。大久保だけではなく、田町も同様に刑事第〇部に起訴されていた。
　起訴されて数週間後、警察や検察官が収集した証拠が、大久保の手元に届いた。そこには、田町が話した内容が書かれた供述調書があった。
　それを読んだ大久保は驚愕した。田町の話は、概要次のとおりであった。
「会社の経営がうまくいかず、いつ潰れてもおかしくありませんでした。いろんなところに大久保と融資を頼みに行ったが、どこからも断られてしまいました。
　ある日、大久保と会社の近くの居酒屋で飲んでいる時、『なぁ、板橋さんて金持ちだよなぁ。なんとか金を引っ張れねえかなぁ』と言われました。板橋さんは、もともとお客さんで、以前にうちの会社で不動産売買を仲介したことがありました。確かに板橋さんは資産家で、お金を持っているようでした。ただ、板橋さんは金融機関などではなく、何もなくお金を借りるような関係ではありませんでした。なので、大久保から『金を引っ張れねえかなぁ』と言われた時、もしかして、板橋さんを騙してお金を取る、ということなのかと思いました。私は、大久保に『どうやって、金借りるの？』と聞きました。そうしたところ、大久保は、『不動産の投資として金を出させよう』と言ってきました。当時、私どもの会社には、投資をしてリターンを期待できる不動産の商品などはありませんでした。ですから板橋さんに不動産の投資と言って金を出させるというのは、詐欺ということはすぐにわかりました。私は犯罪行為をやり

たくはなかったのですが、このままでは会社が倒産してしまうため、大久保の話に乗ることにしました。そして、板橋さんに私が連絡をとり、計画どおり不動産の投資があると言って、1000万円騙し取ったのです」

　実際には、田町の話は完全な作り話であった。田町との間で、板橋から金を騙し取ろうなどという話合いは一度たりともしたことなどなかった。なぜ、田町がそのような嘘をつくのかわからなかったが、とにかく、このような田町の嘘の供述調書を裁判官が信じてしまったらと思うと、不安で仕方なかった。

　大久保は、自分の国選弁護人に、このことを相談した。

　「先生、この田町の話は嘘ばかりです。これで裁判が行われるのですか？」

　「いや、大丈夫だ。嘘の供述調書であれば、これに同意しなければ裁判官は見ることはない。田町には法廷で話してもらうことになる」

　それを聞いた大久保は安心した。法廷であれば、弁護士を通じて質問できるし、本当のことを言ってくれるかもしれない、と思った。

　しかし、この期待はすぐに打ち砕かれた。

　弁護人が次に接見に来てくれた時のことだった。

　「大久保さん、この間、裁判官が田町さんの調書を見ることはない、と言ったが、あれは間違いだった。実は、田町さんの裁判も同じ裁判官が審理している。田町さんは罪を認めているから、田町さんの裁判で提出される田町さんの調書を裁判官は見ることになる。いや、それどころか……」

　「え？　何ですか？」

　弁護人が言い淀んだ先はこういうことだった。

　大久保は無罪を主張し、争っている。他方、田町は大久保に指示されて２人で騙し取ったという検察官の起訴内容を認め、罪を認めた田町は検察官の収集した証拠に何も異議を述べなかった。したがって田町は確実に有罪になる。同時に、起訴内容がそのまま認められれば、それはすなわち大久保も有罪と認定されたと同じことになってしまうのだ。

　実際、それからしばらくして、裁判官は、田町の調書をもとに、田町

の裁判の審理を行い、懲役3年執行猶予5年の判決を下した。しかもその内容は、田町が大久保と2人で詐欺を行ったというものであった。
　大久保は信じられなかった。自分はこれから裁判で争おうとしているのに、すでにその裁判官は自分を有罪とする判決を下しているのだ。これでは無罪になるわけがない。自分を無罪にすれば、裁判官は自己矛盾に陥ってしまう。そうならないためには自分も有罪にするほかはない。
　大久保は、弁護人に、「裁判官を交代できないのですか？」と聞いてみた。しかし、それは無理だと言われてしまった。

　さらに驚くことがあった。
　第3回の公判の後、傍聴に来ていた友人が面会に来てくれた時のことだ。
　「大久保、実は傍聴している時に隣で話しているのを聞いちゃったんだけど、なんか、あの裁判官のうちの一人、前は検察官だったらしいよ」
　「え？　どういうこと？」
　「意味はよくわかんないけど、そんなふうなこと言ってた」
　大久保は弁護人に聞いてみた。「先生、裁判官が以前、検察官だったって話を聞いたんですけど、本当ですか？」
　「ああ。それは判検交流といってね、裁判官が、2年くらい検察官の仕事をしたり、検察官が裁判官の仕事をしたりする制度があるんだ。あの3人のうちの裁判官の向かって左側にいる人は、検察庁から出向して来てるみたいだ」
　「それじゃあ、検察庁にいずれ戻るんですよね。そんな人が検察官に反対するようなことできるんですか？」
　「一応、建前では裁判官として判断することになってるけど……」

　結局、大久保は、すでに自身に対する有罪判決を下している裁判官、しかも、検察庁から出向して来ている裁判官のもとで審理を受けることとなった。
　結果は、大久保の予想どおり、懲役2年の実刑判決であった。

判決に影響を及ぼす制度的問題

　犯罪は、単独犯の場合もあれば、複数犯の場合もあります。1つの事件が複数の者により共犯で行われた場合、検察官は、たいてい複数人をまとめて起訴します。共犯関係にある者を別々に起訴をすれば違う裁判部で審理されることもありますが、同時に起訴すれば同じ裁判部で審理するのが原則となっています。そして、裁判自体はそれぞれ別に進んでいくことになりますが、審理するのは同じ裁判官ということになります。

　これは、きわめて重大な問題です。

すでに約束された有罪

　共犯とされる事件では、認めている人が自分の刑を軽くするために嘘を言って他人を巻き込んでしまうことはよくあります。したがって本来であれば、本当に共犯者がいるのか、いるとして本当にその人が関わったのか、きちんと審理する必要があります。

　ところが、被告人が罪を認めている場合は、それが本当かどうかについて時間をかけて吟味する必要がないということで、裁判はすぐに終わってしまいます。つまり、被告人が認めているとおりに事実を認定して、あっさり有罪判決が下されてしまうのです。

　そうすると、無罪を争っている被告人のほうは、すでに自分も共犯者として罪を犯したとの有罪判決がある状態で自分の裁判を闘わざるをえなくなります。そもそも非常に不利な状況です。

　しかし、それでもまだ、審理を行う裁判部が違えば問題は起こりにくいはずです。たとえ、認めていたAさんが有罪になり、争っていたBさんが無罪になったとしても、訴追側が「合理的疑いを超える」立証ができないかぎり無罪とする刑事裁判の原則からすれば、事実はどちらかの認定が間違っているということなのですが、訴追側の立証の失敗によって裁判の結果が異なることは必ずしもおかしなことではないからです。

では、これを同じ人間が行った場合はどうでしょうか。同じ事件について、一方では「この犯罪の事実があった」として有罪、他方では「この犯罪の事実はなかった」として無罪などという判決を下せるものでしょうか。むしろ、平気でそんな判決を下せる裁判官がいたら、信頼を損ねるだけではないでしょうか。

そうすると、同一裁判部で行われる共犯事件で、先にそのとおりの認定がされた有罪判決が出された後は、もう結果は見えているということになります。

たとえば東京地方裁判所には、刑事裁判を行う担当部が全部で20くらいあります。ですから、このような場合は別の裁判部に交代すればいいだけの話なのですが、現在、裁判所は、そのように申し入れてもほとんど聞き入れてはくれません。

自分が審理を受ける立場だったらと想像してみてください。あまりに不合理としかいいようがないことがわかるでしょう。

裁判官と検察官の近しい関係

判検交流という制度は、ずっと昔からあります。具体的には、それぞれが2年ほど、裁判官なら検察庁に行って検察官になり、検察官なら裁判所に行って裁判官の仕事を行います。弁護士が裁判官になることもありますが、刑事裁判官になることは稀です。

本来、刑事裁判は、検察官が証明した事実が真実であるかを慎重に調査するものです。したがって無罪判決を下すということは、裁判官が、検察官は間違っていたということを宣言することにほかなりません。

しかし、検察官から裁判官に出向している人は、いずれ検察庁に戻って出世していく立場の人です。そのような人が、検察庁が間違ったなどという判決を出せるでしょうか。

あるいは、今だけ検察官をしている裁判官に対して、同じ裁判所にいた同僚の裁判官が、間違っていると言えるでしょうか。

このように、裁判官と検察官がなれ合うことは、公正の観点からして大きな問題なのです。

file 7 具体的で詳細であれば信用される証言

　その日の夜、三鷹は、中学からの友人の目白たちと祭りに出かけた。祭りも楽しかったが、仲間たちと酒を飲み、みんなで騒げることが楽しかった。そして祭りの後もなかなか別れがたく、近くの公園でみんなで缶ビールや缶チューハイを片手にだべり続けた。
　すると、公園の横にある店のガラス越しにこちらをチラチラと覗き見る人影があった。新橋であった。
　新橋は、三鷹と同じ大学の同級生であったが、1年ほど前、新宿のバーで酔っぱらって大喧嘩をして、身体の大きな三鷹が新橋を痛めつけてしまって以来、険悪な間柄になっていた。
　新橋はしばらくこちらを窺っていたが、やがて店を出てこちらに歩いてきた。
　「よう、久しぶりだな、三鷹。ちょっと話がしたいんだけど」
　すると、新橋の後ろにいた目白が、新橋のズボンの後ろポケットが膨らんでいることに気づき、「こいつなんか持ってるぞ！」と持っているものを取り上げようと近づいた。暗がりの中、何を持っているのかわからなかったが、誰かが「ビール瓶だ！」と叫ぶのが聞こえた。
　三鷹は、こいつは何を考えているんだ、とカッとなり、ビール瓶を取り上げようと揉み合いになった。目白も新橋の腕を掴んで、新橋を押さえようと協力した。あたりが騒然となった。
　そうこうしているうちに、新橋の手からするりとビール瓶が落ちて割れた。新橋は観念したのか、突然、自分から地面に座り込んでしまった。
　「もう行こう」三鷹たちは、関わりをもたないように、その場を離れた。そして、駅の近くまで来たものの、すっかり気分を害してしまったので、駅前の居酒屋に入って再び飲んでから帰ることにした。

それから半年以上が経ったある日、三鷹の携帯電話が鳴った。目白の妻からだった。「さっき警察が家に来て、彼が連れていかれたの。三鷹さんのことも話してた。どうしよう。なんでなの⁉」パニックになっていた。
　そう言われても自分にも見当がつかない、何のことだろうと考えているところへ、「警察の者だけれど、三鷹さんはここにいる？」という声が聞こえた。
　「新橋さんとのことだけど。被害届が出ていて、ちょっと聞きたいことがあるから、来てくれる？」
　そして、何が何だかわからないまま警察署に連れていかれた。

　「あなた、新橋さんにケガさせて、お金を取ったでしょ」
　何のことかわからなかった。
　「目白からも同じように話を聞いているから」
　「新橋さんから強盗致傷事件ということで被害届が出ていてねぇ」
　「新橋さんからはもうかなり詳しく聞いているから」
　「強盗致傷罪ということで、逮捕するから」
　頭が真っ白になった。あの日のことは、ほとんど記憶から抜けていたのである。
　その後、弁護人から受けた説明によると、三鷹らが逮捕されたのは次のような経緯からであった。
　あの日、新橋は、騒ぎを聞きつけて近くの交番からやって来た警察官に「三鷹たちにケガをさせられてお金を取られた」と訴えた。しかし、警察官はすぐには新橋を信用しなかった。新橋はかなり酔っていたうえ、話が支離滅裂だったのだ。
　それでも三鷹を相当恨んでいた新橋はあきらめなかった。被害を訴えに何度も何度も警察署に足を運び、「ケガさせられて、お金を取られた」と何ヶ月にもわたって繰り返した。
　当初は新橋の話にけんもほろろだった警察の態度が突然変わったのは、三鷹や目白と同じ町の出身で中学の同級生だった暴力団員の小岩が、ある重大事件を起こし、逮捕されたのがきっかけだった。それを知

った新橋は、「三鷹や目白たちは、暴力団員じゃないけど小岩の協力者だ」と言って、あたかも三鷹たちと小岩が親しいかのような話を警察にしたのである。

　「そんな奴らだから、俺にもひどいことをしたんですよ」新橋はあの日の出来事についても、「ケガさせられて、お金を取られた」様子について、嘘の事実を作り上げ、事細かに話をした。

　取調べでは、何度もあの日の出来事について聞かれた。しかし、数ヶ月も前のことを詳しく説明できるはずもない。そもそもとっさの出来事である。ケガをしていたかどうかすらわからない。新橋に掴みかかったが、殴ってはいない。お金を取っていないことは何度も繰り返した。

　検察官も最後は「お金がいくら取られたかわかんないんだよ。あんたがお金を取ったという証拠もないし。だから、強盗にはならない。でも傷害罪は立派に成立するから」と捨て台詞を吐き、三鷹は新橋に対する傷害罪で起訴され、裁判となった。

　三鷹は「手拳で新橋の胸を２発殴打し、割れたビール瓶を新橋に突き出して、全治２ヶ月の胸部打撲と全治３ヶ月の右手甲切創を負わせた」とされていた。

　そんなことはしていない。しかし、ずいぶん前のことなので、実際にどういう状況だったか詳しく覚えていない。

　起訴後、弁護人を通じて渡された新橋の供述調書には、その時の状況がかなり詳しく説明されていた。

　「ビール瓶を持っていた私の右腕の手首部分を目白が掴んで、右腕が使えなくなったところ、三鷹がすぐさま、１発目は右手で、２発目は左手で、まるでボクシング選手がパンチを繰り出すかのように、交互に私の胸部分めがけて殴ってきたのです。そのとき、私は、息が詰まって、呼吸が苦しくなり、立っていられなくなるほどであり、意識が少し遠のきました」「そして、三鷹は、私の手からビール瓶を奪うと、公園のベンチにビンを叩きつけて割り、尖ったビール瓶の先を私の顔に向けて突き出しました。私はとっさに右手を顔の前に出したところ、尖ったビール瓶の先が私の右手甲部分を切り裂きました。そして、三鷹は、ビール瓶

の尖った先を私に向けながら『お前殺されたいのか。俺に二度と近づくなよ。バックがいるんだから』と凄んだのです」「息苦しくて遠のいた意識の中で、私は必死に助かりたいと思っていました」

　唖然とした。内容が嘘であるばかりでなく、不自然なほど詳しい。記憶が曖昧になっている三鷹は、不安を感じた。

　裁判では、あの日、新橋と一緒にいた豊田も証言をした。その内容がまた、異常なほど細部にわたって詳しかった。なぜ、何ヶ月も前のことをこんなに詳しく話せるのだろうか。

　豊田の証言の中で気になることもあった。「検事さんのところには、新橋さんと一緒に呼ばれました」「新橋さんと交互に検事さんに話をしました」「検事さんからは、新橋さんがどのような話をしたのかも聞かされました」というのである。どうやら、豊田と新橋は、検察官によって話のすり合わせが行われているように思えた。

　新橋は証人として出廷すると、こちらを見て、うっすらと口元に笑みを浮かべた。そして、供述調書と同じように、むしろそれよりさらに詳しく状況を話した。

　「私の右斜め後ろにいた目白が、後ろから私の右腕を掴んできました」「掴まれたのは、右手首です」

　「三鷹は、私に正対して、はじめに右手を握った状態で、まっすぐ胸にめがけてパンチしてきました」「パンチされたのは、心臓部分です」

　なぜ、このような詳しい話ができるのかについては、「警察や検事から何度も聞かれ、それで思い出していきました。間違いないと思います」ということであった。

　三鷹が供述する日になった。

　しかし、よく覚えていない。なにしろ一瞬の出来事で、酒を飲んでいたし、1年以上も前の話だ。裁判官だってそのくらいはわかってくれるだろう。そう思っていたが、とんでもなかった。

　「ビール瓶を奪おうとしたと言うことだけれど、はじめに新橋さんのどちらの手を掴もうとしたのですか」「あなたと新橋さんの距離は、何歩くらい離れていたのですか」「あなたは、新橋さんからビール瓶を奪お

として、手を掴んで、それから次はどこを掴んだのですか」「その次は、どこを掴んだのですか」

　裁判官は、次々に事細かく質問してきた。だが、そんなに一つひとつの行動をすべて記憶しているわけがない。戸惑いながら、答えられるところはなんとか答えた。

　しかし、「覚えていません」と言うと、「なぜあなたは覚えていないのですか」と追及された。そう言われても、覚えていないものは覚えていないのだ。どちらの手でどのように掴んだなんて聞かれてもわからないのである。

　判決は、検察官が起訴したとおりに有罪とされた。
　裁判長が述べた判決の理由には、こう書かれていた。
「新橋や豊田の証言は、相互に合致しているところ、詳細かつ具体的であり、迫真性にも富んでおり、不自然や不合理な点もなく信用できる」一方、「被告人の話は曖昧であり、信用できない」

file 8 一般常識とかけ離れた判決

　立川は、20代のごくふつうのサラリーマンだ。会社ではお金の運搬業務を行うこともあり、「安全」「防衛」には人一倍関心があった。
　お金の運搬時の安全性を高めたいと思い、インターネットで検索していると、たくさんの防犯グッズや護身用品が販売されており、通販で気軽に購入できることを知った。
　「もしかしたら業務で使えるかもしれない。最近は治安が悪くなってきたしなぁ……」そう思い、催涙スプレーなどの防犯グッズを購入した。
　ちなみに、インターネット上には、催涙スプレーの使い方や効力についての記載はあったが、どれも催涙スプレーは自分の身を守るものとして効果的であることが書かれているばかりで、危険性についてとくに注意してあるものはなかった。

　その日、立川は、日課であるサイクリングの前に、仕事で疲れていたので少し眠ろうと思い、夕方ベッドに入った。そして目が覚めると、夜中になっていた。
　「やってしまった……」
　立川は、もともと喘息の症状があったうえに、健康診断で血圧が若干、正常値を超えてしまい、医師から毎日運動するように言われていた。こんな時間だし、今日は運動はしなくてもいいかなとも思ったが、「ダメだ。医者から言われてるし、ちゃんと毎日運動することが大事なんだ」と思い直し、やはりサイクリングをすることにした。
　サイクリングで走っている場所は、大通りではあったが、テレビでよく犯罪多発地域として紹介される東京でも有名な繁華街の近くだった。しかも、数日前には、その繁華街で若者が通行人を襲ってお金を奪うという事件が起きたばかりだった。

立川は、自転車で走るから大丈夫かなとも思う反面、でも、最近事件もあったのに犯人も捕まってないし、危ないかなとも思い、少し迷った。
　部屋を見渡すと、以前に購入していた催涙スプレーが目についた。
　立川は、催涙スプレーを持って行けば、万が一、襲われても逃げられるだろうと考え、催涙スプレーをポケットに入れて出かけた。

　家を出て、自転車で走っていると、繁華街の近くで、突然、警察官に声をかけられた。
　警察官は「職務質問です」と言い、何をしているのか聞かれた。立川は、警察官は夜もたいへんだな、などと思いながら、「健康を考えて少し運動しています」と答えた。そして、警察官に持っているものを出すよう言われたので、ポケットから催涙スプレーを出して見せた。
　催涙スプレーを見た警察官は、少し考え、「これ（催涙スプレー）は軽犯罪法違反かもしれない」と言って、無線で誰かに確認をとった。そして警察官は「軽犯罪法違反だった。今、確認がとれた」と言うと、そのまま立川を警察に連行した。警察官は「あくまで任意だ」と言っていたが、断ることが許されるような雰囲気はなかった。
　立川は、「軽犯罪法違反？　聞いたことはあるけど、催涙スプレーもそうなのか？　でもさっき、この警察官だってよくわかってなかったじゃないか……」と心の中で思いながら、警察署に向かった。

　警察署では、警察官から話を聞かれ、調書が作成された。
　立川は、催涙スプレーはインターネットで購入したこと、購入時には軽犯罪法違反になるなんて注意書きはなかったし、そんなに危ないものだと思わなかったこと、暴漢などに襲われた時に逃げられるように持っていたことなどを詳しく警察官に話した。
　立川は警察官の話から、催涙スプレーは軽犯罪法違反に該当するもので「隠して」持っていてはいけないものだったことを知り驚いた。「隠さずに持てばいいって、それも変なんじゃ……」とは思ったものの、軽犯罪法違反にあたるんだったらもう二度と持つのはやめようと思い、警察官にもそう言った。

警察官は立川の話に納得してくれたように見えた。この事件はこれで終わったと思っていた。

　数週間が過ぎ、立川のもとに、突然、「科料を支払うように」との手紙が届いた。例の、催涙スプレーを「隠して持っていた」ことに対するものだった。催涙スプレーを隠して持つことが犯罪になるなんて知らなかったし、危ない夜道を走るから身を守るために持っていただけなのに、科料を命じられるなんて信じられなかった。
　インターネットで調べてみると、「科料」は検察官の判断らしいので、裁判所ならきちんと自分の話を聞いて理解してくれるだろう、そう考え、正式裁判をお願いすることにした。

　ところが、第一審では信じられないことが起きた。
　立川が催涙スプレーを購入した時には、「軽犯罪法違反になるおそれがあります」といった注意書きなんてなかったのに、裁判の時には検察官が「注意書きが存在する」と主張していた。
　「買った時にはもともと注意書きなんてなくて、事件の後に店長が注意書きを入れただけなのに……」そう思ったが、どうしていいかわからなかった。とりあえず、自転車で運動するようになった理由や、催涙スプレーを持っていた理由、軽犯罪法違反になるとは知らなかったことを話した。
　裁判所はきっとわかってくれるだろうと信じていた。
　しかし、裁判官が読み上げた判決は「科料9000円」。有罪だった。
　判決書には、ほかにも信じられないようなことがたくさん書かれていた。「催涙スプレーはとても危ないものである」「立川にはそもそも運動の必要性も低く、運動方法は他にもあるし、あえて自分から危険性を感じる行動に出た」「立川は20代の健常な男性であるから催涙スプレーを持つ必要はない」
　耳を疑った。
　運動は医師に言われたからしてたんだ！　手軽にできる運動なんてなかなかないし、その日の夜にサイクリングしたのは偶然だってちゃんと

言ったじゃないか！　夜中にはサイクリングしちゃいけないってことなのか！
　若い男だって暴漢とか若者の集団に襲われたら太刀打ちできるはずないじゃないか。男は防犯グッズは持っちゃいけないということなのか！
　いろいろな疑問が頭の中をグルグルまわり、立川には裁判所が何を言っているのかまったくわからなかった。
　もしかしたら、この事件を担当した裁判官がおかしいだけで、他の裁判官ならわかってくれるかもしれない。そう思い、控訴した。

　控訴審が始まった。
　しかし、控訴審はそもそも書面を提出するだけのものなので、弁護人に立川は裁判所にも行かなくてもいいと言われた。それで、あまり仕事を休むわけにもいかないし、控訴審は弁護人に任せていた。
　「『高等』裁判所というからには、きちんと判断してくれるだろう」立川には高裁に対する期待もあった。
　しかし、立川の期待はまた裏切られることになる。
　控訴審判決は「（第一審裁判所が）運動の必要性について判断するのはおかしい」としたものの、「今日、防犯スプレー等の重要性が増していることは、そのとおりであるが、例えば、首からかけるなどして隠したとはいえない状況で携帯すれば、軽犯罪法に該当しないものとして許されるのである」とし、催涙スプレーをポケットに入れていた立川を有罪とした。
　立川は混乱した。
　催涙スプレーを首から提げて歩いている人がいたら、そっちのほうが見るからに危険な人じゃないか！　裁判所は言っていることがおかしい！
　立川は、弁護人から、最高裁で判断が覆ることはほとんどないと言われたが、「こんな判決が許されていいわけがない！　裁判所にはもう一度きちんと考えてほしい」と考え、上告を決めた。

　今度こそはきちんと判決をしてくれ！

立川は、それでも拭いきれない不安を覚えながら上告審の判決を聞いた。その内容はこうだった。
　立川の行為は「職務上の必要から、専門メーカーによって護身用に製造された比較的小型の催涙スプレー1本を入手した被告人が、健康上の理由で行う深夜路上でのサイクリングに際し、専ら防御用としてズボンのポケット内に入れて隠匿携帯したなどの事実関係の下では、同隠匿携帯は、社会通念上、相当な行為であり、上記『正当な理由』によるものであったというべきである」
　立川は無罪になった。ようやく、自分の言っていたことが正しかったと証明された。
　長かった。すでに事件から1年半近く経過していた。
　最終的に裁判所は自分の話をよく聞き、自分の話を認めてくれた。しかし、途中の裁判所の判断には到底納得できないものがあった。もしも途中であきらめていれば、自分は有罪で、前科者として扱われることになったのだろう。そう考えると恐ろしくなった。
　もしかしたら自分みたいに裁判所の判断には納得できない人がたくさんいるんじゃないだろうか。でもほとんどの人が途中であきらめてしまったり、最後まできちんと話を聞いてくれる裁判官に出会えないまま終わるんじゃないだろうか……。なんとなくそんな気がした。

file 9 被害者の供述のみを盲信した裁判官
――御殿場少年事件

　2001（平成13）年9月17日、15歳の少女が、静岡県御殿場警察署に、前夜10人の男に公園に連れ込まれ強姦未遂の被害に遭ったと届け出た。

　その後、11月から翌年1月の間に15歳から17歳の少年ら10人が次々と逮捕された。そのうち5人の少年が、家庭裁判所で「10名が共謀して平成13年9月16日強姦未遂事件を起こした」として少年院送致等の処分を受けた。

　それから7年余を経た2009（平成21）年4月、最高裁まで無実を争った残り5人に対する刑事事件の有罪判決が確定した。

　確定した有罪判決は、「少年ら10名は共謀して、当時15才の少女を強姦しようと企て、平成13年9月9日午後9時30分前後ころ、静岡県御殿場市内の公園において少女を押し倒して暴行を加え、その反抗を抑圧して強姦しようとしたが、少女が生理中であると思い込んだことから、わいせつ行為をするに止まり、その目的を遂げなかった」と認定した。家裁の処分時には9月16日となっていた事件の日付が、確定した5人の有罪判決では9月9日と変わったが、同じ1件の事件である。

　このようなことがどうして起きたのか。

　当初、少女は、事件があったのは2001年9月16日であると申告した。逮捕された10人の少年らは全員、9月16日の事件として追及された。その結果、少年らの多数の上申書と自白調書が作成された。ところが、事件は突然、9月9日に起きたことに変更された。この時、すでに少年らのうち5人は、9月16日に事件を起こしたとして処分されていた。

　2002（平成14）年7月、刑事裁判で少女の証人尋問が行われた。弁護人は、携帯電話の通話記録をもとに少女に9月16日には別の男性とデ

ートしていたのではないかと質問をした。この時、少女はこれを強く否定した。

 ところがその後、9月に行われた証人尋問で少女は、一変して9月16日には男性と会っていたことを認め、事件は9月9日だったと前回の証言を翻した。こうして事件は、事件の届出があってから1年後に9月16日から9月9日に起きたものと変更されたのである。

 変更後の少女の証言は概ね次のようなものであった。

　　現実に被害に遭ったのは1週間前の9月9日のことだった。むりやり公園に連れていかれたのではなく声をかけられ自分からついて行った。生理用ナプキンをつけていたので強姦はされなかった。
　　それを当時メル友で性交渉のあった男性に打ち明けたところ、冷たくされたので、9月16日に3日前にメールで知り合った男性に誘われ性交渉をもった。この時、母親には、電車が止まって遅くなると嘘の電話をした。
　　嘘をつき遅くなったことで母親に叱責されたので、男性と会っていたことを隠すために1週間前の事件の話をした。被害申告をしたのは学校で教師から言われたためである。まさか少年らが逮捕されるとまでは思っていなかった。

 そもそも、この事件は9月16日であったとしても、本当に事件があったのか、少年らが犯人なのかなど多くの疑問があった。物証や客観的証拠等はまったくなかった。証拠といえるのは、少女の供述と、9月16日を犯行日として犯行を認めた少年らの自白供述だけであった。そのため裁判では、これらの証拠の信用性を慎重に吟味する必要があった。

 ところが一審判決は、この2つの供述証拠だけで少年らに有罪判決を下した。しかも、少年らの自白供述は9月16日の事件についてのものである。本来であれば、"何もなかった"日の自白がとられている時点で、自白は言わされたものであり信憑性はないと考えるべきではないか。

 判決はまず10人の共謀を認めた。

 事件は、10人の少年が強姦の対象者として少女を選び、日曜日で部

活の帰りの少女を駅で待ち伏せ、声をかけて公園へ連れていき、そこで犯行に及んだというのである。そのため、少年らの間で事前に少女の行動の情報、役割分担、合流場所、犯行場所等々の相談がなければ成立しない。判決は、この事前共謀について、「共謀は少女が被害にあった日を変更させたため、９月16日を前提とした本件共犯者らのカラオケやパチンコ店での出来事に関する供述部分を信用することは出来ず、他に共謀の時刻・場所を明らかにするに足りる証拠もないから、結局これらの点は明らかでないといわざるを得ない」と、９月９日の少年らの犯行前の行動等には何の証拠もなく、相談をいつどこで行ったかについては不明であると認めた。

　その一方で、「共謀を認定するためには必ずしも謀議の時刻や場所が具体的に明らかでなければならないとはいえない」として、「公園に至る手前で10人が合流したころまでの間には少なくとも暗黙の合意が遂げられたと推認することができるのであって、事前共謀の存在については十分に立証されているというべきである」と、10人が暗黙の合意で事前に共謀していたと認定したのである。

　これでは、10人の少年は、とにかくこの日事件を起こすことにして、事前に具体的な相談をすることもなく、以心伝心で動いたということになる。判決は、10人の共謀を証拠に基づかず簡単に認めたのであった。

　そして判決は、当初明らかに虚偽の申告をした少女の供述を、被害に遭った状況は「具体性や臨場感を備えている」とし、変更後の供述についても以下のように全面的に信用した。

① 　少女が男性と会っていたことを母親に隠すために、強姦未遂の被害に遭っていたと言ったことにつき判決は、「まだ精神的にも未熟な15才の少女の立場に立って考えてみればそれなりに了解できる」と理解を示した。しかし少女は、母親に被害の話をした後、男性に「中学の時のヤンキーにやられたことにしといたから大丈夫だよ」とのメールを送っている。これは事件自体が少女の作り話だったのではとの疑念を抱かせる。ところが判決は、あくまで事件があったことを前提として、事件のことを深刻に考えていなかった少女が後で口実に使ったのは精神的に「未熟」だからありうる、と納得した

のである。
② 事件の日付が９月16日から９日になったことで、強姦未遂の理由について少女の証言が変わった。少女は当初、「生理だったために強姦はされなかった」としていたが、事件日が繰り上がったために生理中ではなくなった。すると今度は、生理ではなかったが生理用ナプキンをしていたので、少年らが「少女が生理中であると思い込んだことから」強姦未遂になったとされたのである。ちなみに、生理ではないのに生理ナプキンをしていた事情について、判決は「生理の直前だったが下り物が多いため、過去に下り物専用のものを着用してかぶれたことがあったので、生理用ナプキンを着用していたとの説明も具体的なもので信用できる」としてあっさり認めた。
③ 2001年９月９日、御殿場市内の天候は台風が近づいており雨だった。現場の公園から550メートルのところにある御殿場地域の気象観測所においても、この日午前零時から午後６時までの間にすでに37ミリ、その後も午後７時台に１ミリ、午後８時台に３ミリ、午後９時台に１ミリ、午後10時台に３ミリの降雨が確認されていた。ところが少女の供述には、雨でびしょ濡れであったはずの公園の芝生に押し倒され、衣類を脱がされ、次々とわいせつ行為をされたのに、服や身体が汚れたなどの話は一切なかった。それどころか、「服はまったく濡れなかった」と証言していた。これについて判決は、「少女が現に被害に遭っている間の降雨の状況、衣服や芝生の濡れ具合等については被害に気を取られ、記憶が曖昧であったり、ないこともあり得ることで不自然とまではいえない」とした。

このほかにも、判決は少女の供述を全面的に信用した。一方、少年らの自白を否定する供述にはまったく耳を貸さず、９月16日という日にちを除き、自白調書の信用性を認めた。

少年らは、法廷で自白をしてしまった経緯を詳細に語った。すると裁判長は、少年らに次のように言い放った。
「やっていないならやってないというふうに言ってればいいんじゃないの」

「じゃ今言っていることだとすると、君は無罪なわけか」「でも、あなたは自分自身認めていたんじゃないの」

「少年の中には、本当にやっていても、行きたくないために否認する人もたくさんいるんだけど、君たちは本当はやってないという話なんだろう」「それだったら、ちゃんと本当のことを言って行かないようにしようとは思わなかったの」

　これは、判決で少女の年齢や立場に理解を示した同じ裁判官の発言である。少年らと少女は同じ年齢の者たちだ。逮捕され、弁解を聞き入れられず、とまどい怯え、困惑したまま事実を認めた少年らは、「だから入ってみればわかります」「怖い中でどうやって否認し続けろと言うのですか」と必死で反論した。なぜ裁判官は、少女には年齢的な未熟さとして理解を示しながら、一方の少年らの取調べに迎合して自白してしまったことには年齢的な未熟さを考慮しなかったのか。

　結局、判決は、すべての少年らの自白に捜査官の誘導や暗示、さらに捜査官の意図に迎合した供述があったことを認めながら、自白の信用性を認めた。少年らの法廷での「自白は虚偽であった」とする必死の供述は、以下の理由によって簡単に退けられた。

① 　身に覚えのない強姦未遂を認めさせられるほどの過酷な取調べを受けたことをうかがわせるような事情は認められない。

② 　逮捕され手錠をかけられた衝撃だけで罪を認めてしまったというのは不可解である。

③ 　警察官から何を言っても無駄だと言われたという程度で自白してしまったというのは、不合理で、到底納得のいくものではない。

④ 　逮捕当日に否認してとり合ってもらえなかったからといって、翌日、早々に虚偽の自白をするなどはにわかに信じがたく、認めれば早く出られると思った根拠も不明で、不合理な弁解といわざるをえない。

　そして確定した有罪判決は、1人が懲役2年6月執行猶予4年、あとの4人は懲役1年6月の実刑であった。

　4人の少年らは服役した。

裁判官という人々

裁判官が信じる事実とは

　裁判で明らかにされる「事実」とはどのようなものなのでしょうか。
　過去の出来事が、詳細かつ具体的、迫真的に富み、不自然や不合理な点がなく語られているとの点だけで信用できるのでしょうか。覚えていないだけではなくて、具体的に反論できないと検察官が言ったとおりになってしまうのでしょうか。
　裁判官は、過去の出来事の詳しい部分を忘れてしまうということを、なぜ理解しないのでしょう。どちらの手で掴んだか、殴ったのかなど、一瞬の出来事の中で、すべて説明できないと信用されないのでしょうか。
　検察官側の証人として出廷する場合、検察官の要請によって事前に面接して、尋問の内容や方法について、細かく打合せをします。また、虚偽の被害申出をしたり、偽証をしたことが明らかになれば、法律上、責任も発生します。そのため、証言する者もその事実内容を簡単に覆すことはありません。検察官としても、これまでの供述やそれ以外の証拠と矛盾がないように、入念に打合せをします。法律上も、打合せ作業が予定されています（刑事訴訟規則191条の３）。
　ただ、こうした打合せがされればされるほど、外見的には「詳細かつ具体的」「迫真的」「不自然・不合理がない」証言に自然となっていきます。とすれば、公判廷での証言がそのようなものだからといって、それだけで正しいとするには危険が伴うことを肝に命じなければならないはずです。
　これまでの裁判では、「詳細かつ具体的」「迫真的」「不自然・不合理な点がない」という抽象的な理由だけで、供述が信用できるものとして、有罪の根拠としてきました。そのため、こうした供述を得るために、一瞬の出来事をより詳しく、細かく尋問していくほうがよいとの傾向にあります。

みなさんが裁判員になった場合、供述の見方にはよく気をつけてもらいたいと思います。整理されて述べたものだけが真実ではなく、現実の社会常識からして、本当に信用できるのかという視点で判断してもらえればと思います。

裁判官だってただの人

　File 8とfile 9では、常識では考えられないような裁判所の判断を紹介しました。このような裁判がまかりとおるなんて、刑事裁判官は常識のない人たちばかりなのでしょうか。
　しかし、これは、決して個々の裁判官の素質や性格だけの問題ではありません。判決に影響を与える制度上の問題として、本書41頁「判決に影響を及ぼす制度的問題」で、検察官と裁判官の関係について述べました。ここでは、裁判官の養成という制度上の問題を考えてみましょう。
　裁判官・検察官・弁護士はいずれも、司法試験に合格し、司法研修所で学んだ後、それぞれの職に就きます。その中でも裁判官は、若くして司法試験に合格し、司法研修所でもとくに優秀な成績を修めた、選りすぐりのエリートがほとんどです。こうして、裁判官の多くは、ほとんど社会経験のないまま裁判を担当することになります。
　裁判官は、判決書をはじめとする文章を書いたり、過去の裁判例や文献を読むことなどを通じて、証言の評価や事実認定の方法を学びます。裁判所の外に出て、仕事を通じて一般の人たちと接する機会はほとんどありません。こうして「純粋培養」される裁判官は、同じような思考方法を身につけ、「詳細かつ具体的」「迫真的」……といった理由で証言の信用性を判断するようになります。そして、そのような考え方が必ずしも常に正しくないことは、先ほど述べたとおりです。
　しかし、実際の刑事裁判で罪に問われるのは、生身の人間です。刑事事件の多くは、複雑な社会問題や人間関係、感情のもつれなどを背景とする、非常に「人間くさい」ものでもあります。はたして、このような裁判官の養成制度に問題はないのでしょうか。現に、アメリカでは、弁護士としての経験を積んだ者の中から裁判官が選任されるという制度が

採用されています(「法曹一元制度」といわれています)。

　このように、一度も社会経験を積むことなく裁判官に就任するため、ときに、日本の司法制度における判決は、市民感覚や社会通念とずれていると指摘されてきました。

　そんな中、市民が司法制度を利用しやすく、わかりやすく、そして信頼できるものにすることを目的として、日本の司法制度の見直しが行われました(「司法制度改革」といわれています)。司法制度改革は、文字どおり、日本の司法制度に大転換を求めるものでした。そのひとつとして導入されたのが、裁判員裁判制度です。

　裁判官は、法律のプロです。しかし、一社会人という点では、私たちやみなさんと何の違いもありません。

　みなさんが裁判員に選ばれた時には、どうか、それぞれの人生経験を踏まえて、自信をもって裁判に現れる証拠や証言を評価し、判断していただきたいと思います。

file 10 科学鑑定は"科学的"ではない

　大崎君は高校２年生。高１の夏頃から、少し生活が乱れ、いわゆる不良仲間とつるんで、夜遅くまで遊びまわったり、公園で騒いだりするようになっていた。

　ある夏の暑い日、市内の町外れにある資材置き場で、女子高校生の死体が発見された。検視の結果、彼女は何者かに乱暴されて殺されたことが判明し、地元は大騒ぎとなった。マスコミもこの事件を大々的に扱ってセンセーショナルに報道した。

　大崎君は、被害者の女子高校生と中学の同級生だった。それだけではなく、被害者が事件に巻き込まれたと思われる８月７日夜、近所のゲームセンターで彼女を見かけていたのだ。友達と事件のことについてしゃべっている時に、「俺、あの女の子をあの日、見かけたぜ」と言ったところ、「げ？　マジマジ？」「どこで？」などとみんな興味津々で、大崎君は被害者を見かけた時の様子をつい得意げに話してしまった。

　それから２ヶ月も経ったある日、大崎君が家にいると、刑事が２人やって来て、事件のことを聞きたいと言った。彼らについて警察署に行くと、取調室に連れていかれ、事件の夜にどこでどうしていたかなど、まるで犯人扱いの取調べを受けた。大崎君は、自分は事件とは関係ないと一生懸命話したが、刑事たちに「お前の仲間が、お前がやったと言っているぞ」と言われ、驚いた。そして、大崎君は否定していたが逮捕された。ほかに不良仲間が３人逮捕されていると後から聞かされた。

　勾留された大崎君は、身に覚えがないと懸命に犯行を否認した。しかし、連日、取調室で朝から夕方まで長時間取り調べられた。「お前らがやったことはわかっているんだ」「仲間はやったと認めている」などと自白を迫られ、「証拠はあがっているから、いくらお前がやってないと言

い続けても、誰も信じるわけがない」「嘘をついていればこのままずっと留置場から出られない」と言われて、絶望的な気持ちになった。

　そして、逮捕から10日後、「お前らは未成年だから、罪を認めれば厳しい処罰はしないよう俺から検察官に頼んでやる」「早く家に帰りたいだろう。お前の家族も心配しているぞ」「な、お前がやったんだろう？」と言われ、大崎君はとうとう泣きながらうなずいた。厳しい取調べに耐えられず、嘘の自白をしてしまったのだ。同じ頃、ほかの少年もやってもいない罪を認めてしまっていた。

　ところで、被害者の遺体や衣服には、犯人のものと思われる唾液、精液、毛髪が付着していた。警察がこれらの血液型鑑定を行ったところ、いずれもAB型であることが判明した。しかし、被害者の血液型はA型、そして、「自白」した少年たちの血液型はO型かB型であった。

　未成年だった少年たちに対しては、家庭裁判所で少年審判が行われた。

　付添人は、当然、死体にあった遺留物と少年たちの血液型が一致しない点を主張した。すると、検察官は、「犯人の唾液（B型）と被害者の細胞片である垢（A型）が混在したものがAB型と判定された」と主張してきた。その主張は荒唐無稽なものに思われたが、どうやらまったくありえないことではないらしかった。しかし、犯人の血液型がAB型だったと考えるほうが自然だ。

　少年たちは思った。「俺たちは犯人じゃない。きっとAB型の奴が犯人なんだ。AB型の奴を調べてくれればいいじゃないか」

　しかし、彼らの思いはむなしく、裁判所は、少年たちが自白していることを理由として、検察官の主張をそのまま受け入れ、少年たちに有罪の判断を下した。

科学鑑定の問題点

　file 10は、1985(昭和60)年に起きた「草加事件」の裁判をベースにしています。判決はほぼ少年らの自白のみに頼った認定で、血液型鑑定については、被害者と犯人の血液成分が混在してAB型の結果が出るというのもありえないことではないものの、あくまでも可能性にとどまり、少年らの犯人性の立証にはまったくなっていなかったにもかかわらず、鑑定結果と少年らの血液型が矛盾しているとはいえないとして無批判に受け入れ、有罪を下してしまいました。

　科学鑑定は、いかにも中立的で間違いがない印象を受けます。しかし、この事件のように、結論は1つではなかったり、あるいは幅があることも多く、鑑定の結果をどのように解釈するかによって判断が変わってきてしまいます。また、"科学"といっても、鑑定作業を行うのは人間ですから、人為的な影響を取り除くことは不可能です。さらには技術は日々進歩していますので、鑑定結果が常にまったく同じになるとはかぎりません。

　それでは、裁判において科学鑑定を扱う際はどのような点に気をつければよいでしょうか。科学鑑定の問題点からみてみましょう。

捜査段階の科学鑑定には問題がある

　裁判で行われる科学鑑定には、代表的なものとして、DNA型鑑定、指紋鑑定、筆跡鑑定、画像解析などがあります。血液型鑑定もそのうちの1つですが、最近では血液型のみを調べることはあまりなく、細分化されていて、より特定のしやすいDNA型鑑定が多用されているようです。

　これらは、ちゃんとした専門家がきちんとした設備で行えば、誰がやっても同じ結果を得られるもののように思われます。しかし、実際には、検察官が出してきた鑑定結果と、弁護人が依頼した鑑定の結果が異なることがあります。中でも問題なのは捜査段階における鑑定です。

　そもそも捜査段階における科学鑑定は、検察官が科学警察研究所、科

学捜査研究所などに依頼して行われています。彼らは、決して中立的な科学者ではありません。いずれも捜査機関の一部門の職員です。ですから彼らは、依頼者である捜査機関の意向に沿った結論を、意識するかしないかにかかわらず出してしまう危険性があります。

　それに加えて、捜査段階の鑑定で試料をすべて使い切ってしまうことがあります。そうすると、裁判の中で鑑定に疑問があったとしても、再鑑定を行うことができません。最近になって、DNAなどを保存するための冷蔵庫を警察署に備え置くことになったという報道がありましたが、裁判手続で捜査機関側が被告人・弁護人による再鑑定に応じる保証は何もありません。

　このように、制度的に被告人側の鑑定が保障されていない中で捜査機関の提出する鑑定にのみ依拠してしまえば、科学鑑定を使っていても"科学的"な判断ができなくなってしまうおそれがあります。

「草加事件」の教訓

　「草加事件」では、少年審判には再審制度がないため、少年たちは有罪のままとなってしまいました。

　しかし、被害者の両親から提起された損害賠償の民事裁判では、以下のように判断され、実質、少年たちの無罪が示されました。

　「AB型の遺留物は犯行の機会に付着したもので、AB型の人物が犯人である可能性が高い」

　誰が聞いても納得できる、いたって常識的な判断でした。「草加事件」においては、捜査機関・裁判所とも少年たちが「自白」していることに目を奪われてしまい、科学鑑定の結果を恣意的に利用してしまいました。その結果、誤った判断となってしまったのです。

　裁判官は法律の専門家ですが、科学的知見に関しては一般市民と同じレベルしか持ち合わせていません。そのために刑事裁判は、鑑定という専門家の意見を聴取する手続を用意しています。しかし、その科学的知見に対して、常識的な視点から検討を加えることが判断においてなによりも重要であることを、この事件は示しているのではないでしょうか。

file 11 隠されていた証拠

　大森はある日、まったく身に覚えのないことで突如逮捕された。
　逮捕の容疑は、1ヶ月前、あるマンションの一室に侵入して金庫をこじ開け、中にあった現金30万円を盗んだという、住居侵入および窃盗であった。
　大森は、そのマンションの名前を聞いてすぐにはどこだかわからなかったが、住所は自分が住んでいるアパートの近くであり、通勤で駅まで行く途中にあるマンションであることを思い出した。だが、忍び込んでもいないし盗んでもいない。そう警察官に訴えた。
　しかし警察官は、近隣住民が大森がマンションに入っていくところを見たと言っている、という。
　「そんなの嘘だ！　マンションの前は通っても中に入ったことは一度もありません。何かの間違いです！」大森は無実を訴え続けたが、結局、起訴されてしまった。

　裁判が始まった。
　大森がマンションに入るのを見た、という近隣住民の蒲田の供述調書が開示された。蒲田の供述の内容は、「警察官に大森さんの写真を見せられました。この人がマンションに入っていった人です」というものであった。
　また、蒲田は証人としても法廷に出てきて同じ証言をした。
　そして裁判では、この証言が決定的となり、大森は有罪とされた。
　大森は、それまで一度も会ったことのない蒲田が、なぜ見ず知らずの自分を罪に陥れるようなことを言うのか、まったく理解できなかった。
　大森はもちろん控訴した。

控訴審から弁護人になった弁護士は、なぜ蒲田はマンションに入ったのが大森だと思ったのか、調べ直すことにした。
　事件発生から２週間後、蒲田は警察に呼ばれ、警察官から１枚の写真を見せられ、こう言われた。「この男が犯人ではないか」
　それは、捜査手法として行ってはならないとされている行為だった。一般に、警察官から「犯人はこの男ではないか」と顔写真を見せられれば、その男が犯人であるとの強い暗示を受けるからである。
　大森の弁護人は、検察官に対して、蒲田のすべての調書を開示するよう求めた。
　すると、事件当日の調書では、蒲田は「犯人の男は私の知らない男ですが、身長が170センチくらい、眼鏡をかけていて、面長の男性でした」と述べていたにすぎないことがわかった。世の中に、170センチくらいの身長で眼鏡をかけた面長の男性がどれだけいることだろう。
　しかしその後、警察から１枚の写真を見せられ、その写真に写っている人間を犯人と思い込んだのである。
　弁護人は、ほかにも犯人を目撃した人がいないかと、検察官に証拠開示を求めた。しかし検察官は、他の証拠は開示しなかった。そこで、裁判所に検察官に証拠を開示させるように求めたが、裁判所もこれを却下した（実は、あとで発覚するのだが、捜査機関は「別の目撃証言」も収集していた）。
　検察官の証拠が開示されないなら、自分で確認するしかない。弁護人は蒲田に会いに行った。本当はマンション付近で見かけた男が大森かどうかは曖昧なのではないか、それを確かめるためだった。
　そうしたところ、驚くべきことに、蒲田は、「実は曖昧だったが、警察が犯人だと言うので、犯人だろうと思った。裁判でも、検察官から、大森が犯人だと証言してくれと強く言われて、そのとおりに証言してしまった。本当は自信がない」などと言った。
　そこで弁護人は、蒲田に控訴審で再び証人として出廷して今の話をしてほしいと頼んだ。自分の証言のみで有罪となったことが怖くなっていた蒲田は、出廷を約束してくれた。
　さらに弁護人は近隣住民の聞き込みを行った。すると、もう１人、マ

ンションの付近で怪しい男を見たという人物が現れた。
　荻窪というその人物は、「事件直後、帽子を被ってひげを生やした人物がマンションから出て行くのを見た」と言った。しかも、そのことは警察官にも話したというのだ。大森はひげなど生やしていないし、事件当時ももちろん生やしていなかった。
　弁護人は、蒲田と荻窪の証人尋問を裁判所に請求した。

求められる適正な証拠採用

証拠を弁護側に見せるかどうかは検察官次第

　犯罪が起きると、まず警察官が捜査をし、検察官が最終的な処分をします。

　警察官の捜査は、近隣住民の聞き込みから、犯人の生い立ち、事件前後の足取りなど幅広く行われ、報告書や調書という形で証拠になります。そして、それらはすべて検察官に送られることになっています。したがって、検察官はすべての証拠に目を通すことができますが、一方、わが国の刑事手続では、被告人や弁護人がすべての証拠を見ることは保障されていません。

　捜査は税金を使って行われているものであるし、すべての証拠が当事者に公開されてはじめてフェアな裁判が行われるはずです。実際、諸外国には、捜査機関が収集した記録をすべて弁護側にも開示することを定めている国はたくさんあります。

　しかし、日本の刑事裁判では、検察官は、被告人を有罪とするために選りすぐった証拠のみを裁判所に提出し、都合の悪い証拠は隠しておくことがよくあります。刑事訴訟法という法律においては、集めた証拠の全部を開示する必要はないと規定されているからです。

　そのため弁護人は、検察官が提出した証拠以外のものについても確認したい時は検察官に「証拠開示請求」をし、それによっていくつかの証拠が開示されることになります。ただ、どのような証拠が収集されているかがわからないので、被告人の主張に役立つ証拠が開示されるとはかぎりません。

　また、file 11にもあったように、検察官が証拠開示を拒否し、裁判官がこれを認めてしまえば、被告人側がいくら必要な証拠と思っても、公にされることはありません。つまり、検察官が隠そうと思えば、いくらでも隠すことが可能です。

　結果、検察官が被告人に有利な証拠を提出しないまま裁判が進んでし

まうことも少なくないのが現実なのです。

裁判所は被告人側の証拠を採用しない

　裁判で検討される証拠は、検察官や弁護人が、この証拠を調べてくれと請求し、裁判所がこれを認めることで採用されます。ですから、いくら弁護人が「この証拠は重要である」と訴えても、裁判所が認めなければ終わりです。
　この場合の証拠は、犯罪に直接関わる物や人ばかりではありません。たとえば弁護人の請求する証拠には、検察官の立証が間違っていることを主張するために専門家が書いた意見書や、弁護側の主張を裏づける文献、専門家の証人尋問等も含まれます。
　しかし、現実の刑事裁判では、検察官の請求する証拠と弁護人の請求する証拠の採用の仕方には明らかに差異があります。検察官の請求する証拠は採用されやすく、弁護側の請求する証拠は採用されにくいのです。中には、最初から有罪と決めつけているのではと思うほど、弁護側の証拠については調べようとしない裁判官もいます。本来、有罪とする場合でも、弁護側にきちんと反証させて、そのうえで公平に判断すべきです。
　現在、裁判員裁判が実施されていますが、裁判所はできるかぎり市民の負担を軽くしようと、審理を短くすることに躍起になっています。しかし、そのせいで証拠の検討が疎かになったのでは本末転倒です。刑事裁判は真に犯罪を犯した者かどうかを確認し、犯した者であれば適正な罰を与えるための手続ですから、絶対に無実の被告人を処罰することのないよう、証拠の検討は十分に行われるべきなのです。
　たとえばアメリカの陪審裁判では、証人尋問が数十人も行われたり、審理日数も1ヶ月以上となることは珍しくありません。もちろん一般の市民に負担のかかる裁判員裁判はとくに、できるだけ迅速に行われることが望ましいのは間違いありませんが、裁判員のみなさんには、証拠に疑問があるかぎりはしっかりと意見を述べ、すべてがクリアになった状態で判断を下していただきたいと思います。

file 12 被告人の敵となった弁護人

　ある時、私は、控訴審の事件を担当することになった。事件は、被告人である高尾が、知人とともに保険金殺人事件を計画し、自然死と見せかけて知人の妻を殺害したというものであった。高尾は、第一審で、懲役25年の有罪判決を受けていた。有罪の決め手は、高尾の自白調書であった。
　しかし、事件の記録を調べてみると、高尾の第一審での主張は、「自分はやっていない。殺人にはまったく関与していない。知人が勝手に奥さんを殺した」というものであった。高尾は、当初は、知人と一緒に保険金殺人を計画したことを一貫して否認していた。しかし、その後、いったん自白に転じ、裁判の途中で再び否認に転じたのであった。
　高尾は、否認に転じた後、裁判で無罪を主張したが、その主張は認められなかった。

　高尾と初めて拘置所の接見室で会った時、私が、控訴審の弁護人を務めることになったと言うと、高尾は暗い表情でこう言った。
　「あなたも、どうせ僕がやったと思っているんですよね」
　なぜそう思うのか尋ねると、高尾は、「だって、あれだけ詳しい自白調書を読んだら、ふつうは僕がやったと思うでしょう？」と言った。高尾は、弁護人に対して強い不信感をもっているように思われた。

　私は、高尾がなぜ虚偽の自白をしてしまったのか、どのような取調べがされたのかを知るために、拘置所に通い続けた。当初、高尾は、自分から話をしようとせず、聞かれたことに対してポツリポツリと話をするだけであった。しかし、日が経つにつれて、少しずつ自分から話をするようになった。そして、高尾がなぜ保険金殺人への関与を認めるような

嘘の自白をしてしまったのか、高尾がなぜ弁護人不信に陥ったのかがわかってきた。

　高尾が嘘の自白をするに至った一番の原因は、取調べにおける警察官や検察官の言動にあった。高尾は、連日にわたる長時間の取調べの中で、警察官や検察官から「やったと認めないと、罪が重くなるだけだ」などと脅迫され続け、肉体的にも精神的にも困ぱいしてしまったのだ。

　しかし、そればかりではなかった。

　まだ取調べで否認を続けていたある日、毎日、長時間行われる取調べに疲れ果て、なんとかしてもらいたいと思った高尾は、弁護人を呼び、どのような取調べが行われているのかを説明して、警察に抗議してくれるよう頼んだ。しかし弁護人は、自分の話に共感してくれず、その後も、弁護人が警察に対して抗議をしたような様子はなかった。その時から高尾は、「弁護人を頼りにすることはできないのだ」と思うようになった。そしてある日、厳しい追及に屈して、ついに嘘の自白をしてしまったのだった。

　そもそも、第一審の弁護人は、高尾にほとんど会いに来なかった。たまにやって来ても、居丈高に話をする弁護人に対して、高尾は話しづらいと感じていたようだ。

　それでも、嘘の自白をしてしまった後、それを後悔し、自白を撤回したいと思っていた高尾は、面会にやって来た弁護人に、取調べ担当の刑事に自白をしてしまったことを話した。弁護人が力になってくれるものと信じて。

　ところが、弁護人から出た言葉は、高尾の期待を大きく裏切るものであった。弁護人は、「そうか、わかった。被害者の遺族に謝ろう。情状事件として頑張ろう」と言ったのだ。弁護人は、それまでずっと否認をしていた高尾に対し、自白をした理由を聞くことは一切なかったのである。

　高尾は、あきらめと絶望感に打ちひしがれた。「弁護士も自分がやったと思っていたんだ……。自分の無実を信じてくれる者は誰もいない……」

そして高尾は、孤立無援の状態で取調べを受け続け、虚偽の自白調書がどんどん作られていった。一度自白をした高尾は、取調官の言うなりになるだけだった。

　その後、高尾は殺人罪で起訴され、裁判は、高尾が事実関係を認めていることを前提として進んでいった。高尾は、自分の手の届かないところで裁判が進んでいくことを激しく後悔したが、相談できる相手はいなかった。高尾の言い分を代弁してくれるはずの弁護人が率先して、高尾が保険金殺人の首謀者であることを前提として裁判手続を進めていたからだ。しかも、高尾の家族でさえ高尾が有罪であると思い込み、高尾との関係を断ち切ってしまっていた。高尾はただ一人、世界から切り離されて、誰からも見えない場所に取り残されているように感じた。「もう何を言っても、自分の声に気づいてくれる者はいないのだ……」
　そんな高尾が再び否認に転じたのは、高尾の父親が面会にやって来てくれたことがきっかけだった。父親は高尾に、「お前は本当に保険金殺人なんてやったのか」と尋ねた。家族からも見放されたと思っていた高尾は、父親の言葉を聞き、涙が溢れ出た。ようやく自分を見つけてもらえたと思った。そして父親に、自分は保険金殺人などに関わっていないと、本当のことを打ち明けた。そして高尾は、父親に励まされ、弁護人にもあらためて事実を打ち明け、裁判の途中から無罪を主張し始めたのだった。

弁護人の役割

服役後に判明した冤罪事件の裏に…

　file 12の事例は、捜査機関による違法な取調べの問題を示すとともに、弁護人の役割について、重大な問題を提起しています。そして、このようなケースは、残念なことに、決して珍しいことではありません。

　2007年、富山県で起きた強姦事件で有罪判決を受け、3年間刑務所に服役した男性が、実は無罪であることが判明しました。真犯人が別にいることがわかったのです。

　男性は、当初は否認していましたが、途中から自白するに至り、有罪判決を受けました。このような冤罪事件が生じた原因を調査した結果、背景には、男性の弁護人の弁護活動に深刻な問題があったことがわかりました。当番弁護士として面会に来た弁護士は、男性に対し、弁護人を依頼する意思を十分に確認せず、弁護人の役割等についてきちんとした説明をしていませんでした。そのために男性は、弁護人を選任せず、誰にも相談することができないまま、精神的拷問ともいえる取調べを受け続け、嘘の自白をしてしまったのです。その後、男性には、同じ弁護士が国選弁護人に選任されましたが、弁護人と男性との間の意思疎通はきわめて不十分でした。そして男性は、味方であるはずの弁護人に対してさえ、自分はやっていないと言うことができないまま、有罪判決を受けることとなったのです。

　もちろん、間違った有罪判決を受けた原因は、弁護人の問題だけではありません。捜査機関による取調べにも重大な問題がありました。しかし、もし弁護人が被告人と十分な意思疎通をとって適切な対応をしていれば、男性は無実の罪で3年もの月日を刑務所で過ごすことはなかったかもしれません。

弁護人は被疑者・被告人の唯一の拠り所

　犯罪の嫌疑を受けた人は、捜査機関という強大な国家権力と対峙することになります。そこで手続もわからず法的な知識もない一個人が闘うためには、専門家のサポートが必要不可欠です。そのために憲法は、被告人に対して、資格を有する弁護人を依頼する権利を保障しています。と同時に、被疑者・被告人には、弁護人と面会する権利が与えられています。強大な力と対峙しなければならない被疑者・被告人にとって、弁護人の存在は、唯一、自分を守るために与えられた武器ということができるかもしれません。

　ですから弁護人は、被疑者・被告人の言い分によく耳を傾け、無実なら無罪を主張し、実際に犯行を行った場合にも、過度な罰を受けないよう被疑者・被告人の事情を訴えなくてはなりません。弁護人の役割は、被疑者・被告人を守ることだからです。裁判において弁護人は、あくまでも被疑者・被告人の味方なのです。

　ところが、そんな弁護人までもが被疑者・被告人の言うことを信じなかったり、見放してしまったら、どうなるでしょうか。被疑者・被告人は、孤立無援の中、強大な相手との闘いを強いられることになるのです。しかも、友人や家族からも見放されたり、重大事件などで世間の人々からも敵視されている場合には、被疑者・被告人は精神的にも孤立します。孤独と無力感の中で、絶望的になり、闘うことをあきらめてしまうかもしれません。そうして涙を流しながら嘘の自白をしてしまった人たちの気持ちを考えると、どれだけ惨めで、悲しいことだったろうか、と思います。

　十分な弁護を受けることができた時、被告人ははじめて「公正な裁判」を受けることができます。何も武器が与えられず、一方的に訴追され、裁判を受けることは、前近代社会のリンチと何も変わりません。そんな手続によって刑罰を科しても、それを正義ということはできないのです。

通訳人の問題

　あなたが外国滞在中に、ひょんなことからトラブルに巻き込まれ、警察に捕まったとします。その国の言葉もよくわからず、身の潔白を訴えても、自分の言うことを聞いてもらえない。自分の言いたいことが裁判官に正確に伝わらないまま、刑事裁判で有罪判決を受ける。そんなことが実際に起こりうるかもしれません。

　これは、決して遠い国の話ではありません。日本の刑事裁判でも、このような事態が実際に起こっています。

　ここでは、刑事裁判で通訳をめぐってどのような問題が起きているのかについて、みてみましょう。

供述書に書かれた内容は正確だったのか

　日本語を理解しない外国人が被疑者として取調べを受ける時、多くの場合、通訳人を介して取調べが行われます。取調官の質問を通訳人が被疑者の使用言語に通訳し、これに対して被疑者が答え、それを通訳人が日本語に通訳して……、というふうにして取調べが行われます。

　しかし、この通訳の過程で、誤りが生じることもしばしばみられます。たとえば、殺人罪で逮捕された外国人被疑者のＡさんが、「被害者と揉み合ううちにナイフが刺さってしまった」と述べて殺意を否定する話をしたとします。ところが、通訳人が、その話を、「被害者と争ううちに、ナイフで刺してしまった」と通訳したらどうでしょうか。これでは、殺意をもって被害者を刺してしまったということになってしまいます。

　取調官は、通訳人の言葉を聞いて、「被害者と争ううちに、ナイフで刺してしまった」と調書に日本語で書きます。そして、Ａさんに、内容に間違いがないか確認してもらったうえで、署名をしてもらいます。通訳人は、供述調書の内容を、Ａさんの使用言語に通訳して、調書に書かれている内容を知らせます。その際、通訳人が、上記の内容を、「被害者と揉み合ううちに、ナイフが刺さってしまった」と通訳してしまえば、

Ａさんは、「それで間違いない」と考えて調書に署名します。でき上がった調書には、日本語で、「被害者と争ううちに、ナイフで刺してしまった」と書かれているのに、です。
　こうして作られた調書が、裁判で出てきたらどうなるでしょうか。
　裁判で、Ａさんは、「殺意がなかった」と主張します。これに対し、検察官は、捜査段階で作られた先ほどの調書を証拠として提出します。そうすると、調書を読んだ裁判官は、「Ａさん自身、『争ううちに、ナイフで刺してしまった』と話している。殺意があるからこそ、ナイフで刺したのではないか」と考え、Ａさんが殺意をもって被害者をナイフで刺したと認定してしまうことが想定されます。
　Ａさんは、取調べの時の通訳が正確ではなかったと争うことはできます。しかし、Ａさんが争う有効な術はありません。なぜなら、これまでみてきたとおり、取調べは密室で行われるため、後で通訳の正確性を確認することができないからです。また、現時点では、取調べの状況は必ずしも録音・録画されません。そのため、通訳の正確性を問題にするにしても、当時の状況がわからないため、「言った」「言わない」の水かけ論に終わってしまう可能性が高いのです。
　以上述べたことは、外国人被疑者の第一言語の通訳を介した場合の問題です。しかし、問題となる言語が少数言語の場合には、通訳人なしで、あるいは、被疑者の第一言語ではなく英語などで行われることもしばしばあります。この場合に、供述調書に書かれた内容の正確性について、さらに深刻な問題が生じうることは、いうまでもありません。

通訳人までもが自白を迫る

　密室で行われる取調べでは、通訳人の中立性・公平性に大きな疑いが生じる場面もあります。
　捜査段階で通訳を務めるのは、捜査機関が選ぶ通訳人です。その中には、捜査機関と同化して捜査官のような言動をする人もみられます。たとえば、否認し続ける被告人に対し、通訳人が「否認を続ければ、刑が重くなるだけよ」と助言した例などが報告されています。

この時、通訳人が被疑者と同じ国の出身である場合はとくに問題です。外国滞在中に、同国出身の人に出会った時に心を許すことはありませんか。被疑者も同様です。連日のように厳しい取調べを受けて、精神的に疲れてしまっている時に、同国出身の通訳人から、「否認を続ければ刑が重くなるだけだ。自白してしまえ」などと言われれば、通訳人にすっかり心を許して虚偽の自白をしてしまうことも大いに考えられますし、現にそのような例が報告されています。
　現在では、捜査機関の中で通訳人を養成し、取調べにおける通訳を行わせる例も多くみられます。この場合にはなおさら、通訳人が捜査機関の意図を酌んで、被疑者を懐柔する事態が予想されます。

ちぐはぐな被告人質問

　次に、法廷での通訳の問題を考えてみましょう。
　第一の問題は、通訳の正確性を検討する手段が確保されていないということです。密室で行われる取調べとは異なり、公開の法廷で行われる裁判では、第三者に正確に通訳がなされているかを確認してもらうことができそうです。しかし、現在のところ、裁判所が選任した通訳人が1人で通訳をすることがほとんどです。通訳が正確になされているか確認することのないまま、裁判が進んでいきます。
　この問題点は、裁判員裁判でより顕著になります。というのも、裁判官だけで行う裁判では、裁判の後に証言の内容を記録した調書をじっくり読んで判断しますので、被告人や弁護人も、その内容を後から確認して、誤りを指摘することが一応可能です。しかし、裁判員裁判ではそうはいきません。法廷で通訳人が通訳した言葉だけを聞いて、罪となる事実と被告人に対する刑を判断します。被告人が後から誤訳を指摘しても手遅れです。そして、誤訳は、その場で聞いている裁判官や裁判員の心証に大きな影響を生じさせると考えられます。
　実際に、筆者が外国人の被告人の弁護人を務めた際に、次のようなことがありました。
　検察官が被告人に対して反対質問を行った時のことです。検察官の質

問→外国語への通訳→被告人の答え→日本語に通訳という過程をたどって質問が行われました。ところが、問いと答えを通訳する過程で、通訳に誤りが生じ続けました。弁護人も検察官も裁判官も、そして日本語を理解しない被告人も、そのことにまったく気がつきません。

　被告人は、検察官の質問に対応した答えを述べることができず、問いと答えがちぐはぐになりました。質問をしている検察官が、問題の原因に気づかず、イライラして「私の問いに答えてください！」と怒り出しました。

　これを聞いている人はどう思うでしょうか。まさか通訳に間違いが生じているとは考えず、被告人がのらりくらりと弁解に終始していると思うのではないでしょうか。このように、通訳の誤りは、いろんな意味で、証言を聞いている裁判官や裁判員の心証に影響を与えてしまうのです。

通訳の正しさが担保されない

　誤りとはいえないまでも、被告人の言葉の意味やニュアンスを正確に伝えることには限界があります。たとえば、先の捜査段階の通訳の問題として例に挙げたように、殺意の有無が問題となる事件で、「刺してしまった」のか、「刺さってしまった」のか、その微妙な違いによって、殺意の有無に関する判断が大きく異なります。

　刑事手続では、通訳人が中立な立場で正確に通訳を行うことが求められます。しかし、通訳人は、あくまでも人であって、機械ではありません。疲れて集中力を欠けば、間違いも出てきます。人が誤りを犯すのは当然のことです。大切なのは、できるかぎり通訳が正確になされるためにはどうすればよいのか、そして、誤った通訳がなされた場合にそれをどうやって正すか、ということです。

　ところが、実際の刑事手続では、このことについて十分な意識が形成されておらず、有効な手立てがとられていません。

　第一に、刑事裁判に関わる通訳人の養成制度が著しく不十分なことが挙げられます。

　正確な通訳が行われるためには、十分な能力のある通訳人を養成する

ことが必要不可欠です。ところが、日本では、法廷で通訳する通訳人（司法通訳人と呼ばれています）を認定するための資格制度がありません。裁判所は、できるかぎり能力の高い通訳人を見分けて、優先的に選任しているようです。しかし、それが常に機能するわけではありません。

通訳の質を維持するためには、各通訳人が日頃から研鑽を積む必要があります。しかし、裁判所や弁護士会などが定期的に勉強会などを行っているわけでもありません。日頃の研鑽は、通訳人個人に委ねられている状況です。通訳の重要性に比して、報酬も低廉です。そのような中で、通訳人が高いモチベーションをもって日々勉強に励むというのは、とても難しいことではないかと思われます。

第二に、裁判所の意識に問題があります。

裁判所は、通訳人を過信し、誤りを犯さないことを前提として考えています。法廷での通訳が正確かどうかを検証するために、被告人や弁護人が、通訳の正確性を確認する通訳人（「チェックインタープリター」と呼ばれています）を同席させてほしいと要望することがあります。しかし、裁判所は、その必要性を認めていません。通訳人は誤りを犯さない、という裁判所の考え方の端的な現れといえるでしょう。

また、通訳人が集中力を途切れさせずに正確な通訳をするためには、適度に休憩をとることが必要です。しかし、裁判所が通訳人のために休憩をとることはほとんどないようです。

裁判員の判断にも関わる問題

被告人が自分の言い分を正確に通訳してもらい、それを裁判官等に伝えることができないということは、被告人本人にとって非常に大きな不利益です。しかし、裁判員が、目の前にいる被告人を裁くためにいくら真剣に被告人の話を聞いても、通訳が正確になされないためにその被告人の言い分を正確に理解できないのであれば、それは裁判員にとっても大きなマイナスのはずです。通訳人の問題は、外国人だけの問題だけではなく、いつか裁判員になるかもしれない私たち一人ひとりの問題でもあるのではないでしょうか。

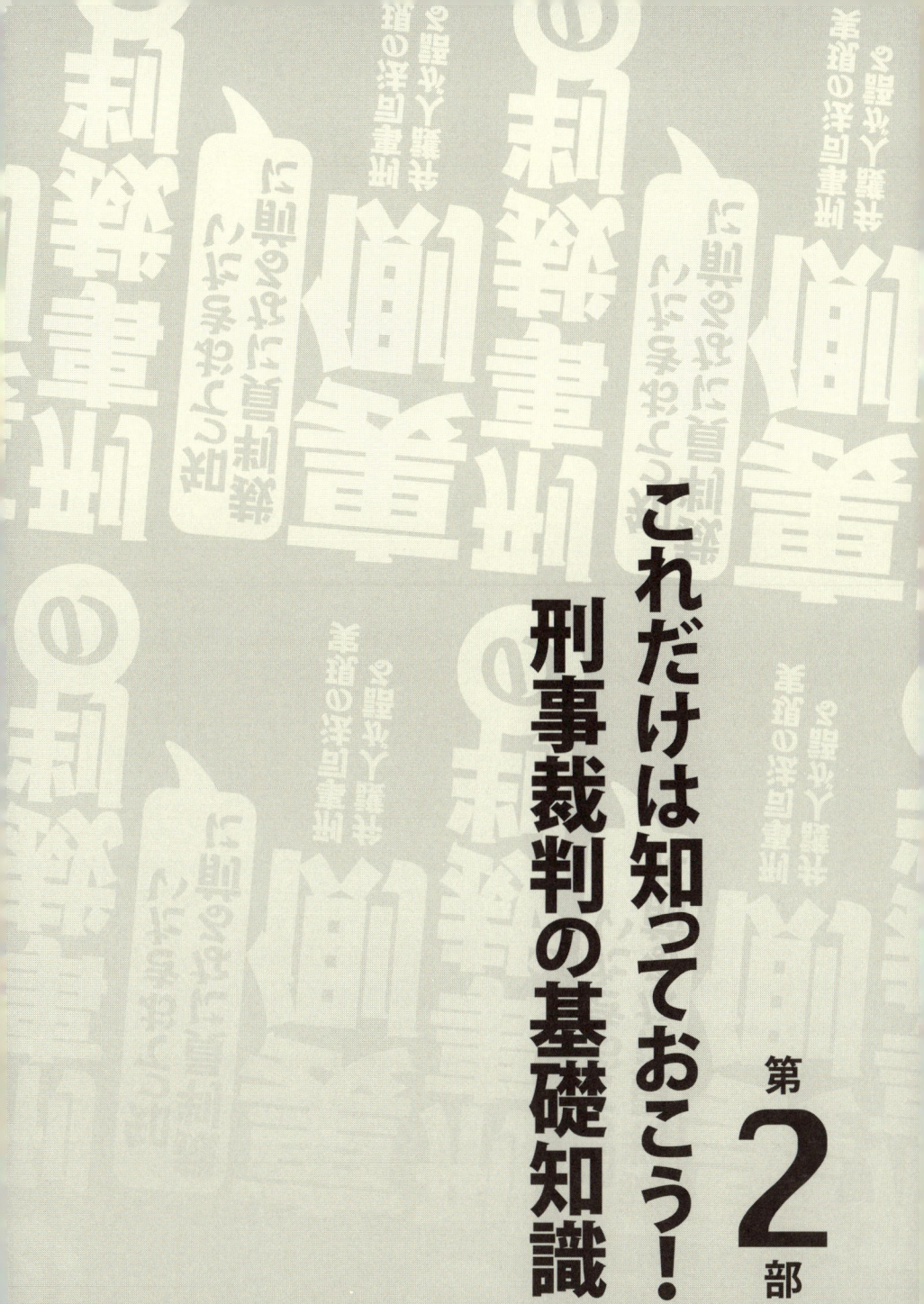

第2部 これだけは知っておこう！刑事裁判の基礎知識

無罪推定の原則

「無罪推定」とは

　刑事裁判では、「無罪推定」の原則が守られなければならないとされています。では、無罪推定とは具体的にどういうことでしょうか。ある小学校の教室での事件を通して、無罪推定の原則について考えてみましょう。

　ある小学校の教室で、A君の机の中に入っていた1000円が、昼休みの後になくなりました。A君は盗まれたと思いました。
　A君は、犯人はあまり仲のよくないB君ではないかと疑い、クラスの生徒に昼休みのB君の様子を聞いて回りました。すると、ある生徒から、昼休みの前に教室に最後まで残っていたのはB君だったという話が出てきました。
　そこで、犯人はやはりB君だと思ったA君は、B君に「盗ったお金を返して」と迫りました。それを聞いていたまわりの生徒も、「B君がA君のお金を盗ったんだ」と思い、「お金を返せ」「謝れ」と大騒ぎになりました。B君は、「自分じゃない」と主張しましたが、クラスには誰も味方になってくれる者はおらず、みんなから「ウソつくなよ」「正直に謝れよ」と責められました。結局、B君は、A君に「ごめん」と言うと、自分の財布から1000円を取り出し、A君に渡しました。
　ところが、A君が家に帰り、カバンから教科書を取り出すと、教科書の中に1000円が挟まっていました。A君は「しまった」と思いましたが、このことは自分しか知らないことだし、B君が犯人ということでみんな納得したのだから、黙っておくことにしました。

　このようなことは、誰でも日常的に経験したことがあるのではないでしょうか。お金を盗んだなどではなくとも、「ある人が誰かの悪口を言っていた」と聞いて「ひどい人だ」と思い込んでしまったり、さらには「あ

の人は平気で悪口を言うような人だから」と他の人との会話の中で言ってしまったりするようなことは、ふつうにありうることだと思います。しかし、実際にはその人は悪口など言っていなかったかもしれません。それを確認もせずに「悪口を言うひどい人」と信じ込み、その人物評を前提として他のひどいことも「あの人ならやりかねない」と思ってしまったら、これはもうまったく現実を離れて単なる思い込みにしかすぎません。

　こうした事態は、どうすれば防げるのでしょうか。先ほどの小学校の例でいえば、まずはＡ君が、お金を探しもせず、薄弱な根拠だけでＢ君を疑ったことが誤りでした。さらに、クラスの他の生徒もＡ君の発言だけで「Ｂ君が犯人だ」と思い込み、Ｂ君を責めるばかりでＡ君に「なぜＢ君が犯人だと思うのか」と問いたださなかったことで、誤りは修正されることなく、事態はどんどん間違った方向に進んでしまいました。ここでＡ君やクラスの生徒が「お金は盗まれたわけじゃないかもしれない」「Ｂ君は犯人じゃないかもしれない」と思っていれば、事態はまったく違った展開をみせていたと思います。

　刑事裁判は、厳しい刑罰が科されることもある手続です。上記のように誤って犯人にされてしまうことは絶対にあってはならないことです。ですから、刑事裁判では、「疑いようのない証拠がないかぎりは犯人とはいえない」つまり「疑わしきは被告人の利益に」（本当かどうか疑わしい場合は被告人は無罪と考える）という考えを原則としているのです。

検察官が犯罪を立証する責任を負う

　無罪推定の原則に伴って導かれるもう１つの原則があります。それは、検察官が犯罪の事実を証明しなければならないということです。これは、起訴をした検察官が十分な証拠を出さなければ、被告人は無罪となるという原則です。

　そうすると、実際に殺人や強盗といった重大な犯罪を犯しているにもかかわらず、証拠がないというだけで無罪放免になってしまう人もいるかもしれません。「そんなのは理不尽じゃないか！」そう思われる方もい

らっしゃるでしょう。

　しかし、逆に考えてみてください。あなたが無実の罪で裁判にかけられたとします。しかし、その日は1人でずっと家にいたので、アリバイはありません。目撃者もいないので、「この人は犯人ではない」と言ってくれる人もいません。無実であることを立証できる証拠は何一つありません。だからといって「無実を証明できないなら有罪」とされてしまったら、しかも罰則の内容が懲役20年さらには死刑だったりしたら、それこそ理不尽な話です。

　検察官が犯罪を立証する責任を負うとされているのは、このように無実の者が、無罪であるにもかかわらず、自分が無罪であることを裁判所に適切に証明できなかったという、ただそれだけで処罰されることがあってはならないということが重視されているからです。刑罰は、一人の人間の身体を強制的に長年にわたって拘束したり、財産を奪ったり、生命そのものまでも奪ってしまうものです。そのような刑罰を科すためには、刑罰を科す国家が、慎重に十分に調査をしたうえで、被告人が犯罪を犯したことを十分に証明しなければならないというのは当然のことです。

検察官と被告人は対等ではない

　先ほど、無罪の証明ができなかっただけで罰せられることがいかに理不尽かという話をしました。しかし、「それはやり過ぎだけど、民事裁判のように、被告人のほうだって無罪の証拠があればそれを出して、検察側の証拠と比べてどちらが正しいかを考えたほうが合理的なのでは？」と考えた方もいらっしゃるかもしれません。たしかにそのほうがわかりやすいでしょうし、実際の裁判でもアリバイを主張するなど、被告人の側からも無実を証明する証拠が出されています。

　しかし、民事裁判とは異なり、刑事裁判で検察官の側にだけ立証を求めているのには、先ほど述べた無実の者をその証明がないだけで罰することのないようにとの配慮のほかにも理由があります。

　実際にあなたが、無実の罪で逮捕されて身体拘束を受けた場合、あな

たは自分の無罪を証明するために、自分の言い分を裏づける証拠を集めることができなくなってしまうからです。

また、弁護人を依頼したとしても、弁護士には警察や検察官のように国家権力を利用して調査を進められるような権限はありません。たとえ単なる事情聴取であっても、関係者に協力を求めて断られてしまうと、その先は何もできなくなってしまうのです。

さらに、必要な調査しようと思っても費用が限られます。とくにDNA型鑑定といった高額な費用のかかる鑑定などは、被疑者・被告人だけでその費用を賄うのは困難な場合がほとんどです。そのため、弁護人が自己負担しなければならなくなり、結局、受け取った弁護士費用よりも調査費用が莫大なものになってしまうこともあります。

これに対して、検察官は絶大な捜査権限をもっています。たとえば、弁護人と同じように関係者に協力を断られた場合でも、弁護人と違い強制的に関係者宅に押し入って捜索をし、証拠品を差し押さえることができますし、検証や専門家による鑑定も強制力を用いて行うことができます。また、人員としても、検察や警察は全国組織ですから、個人である被告人や弁護士とは圧倒的な力の差があります。さらに、費用が莫大なものであっても、必要性があれば国家から支出されるので、DNA型鑑定等、高額な費用のかかる捜査でも際限なく行うことができます。

このような絶対的な力の差の中で、被告人側が検察官と同等の捜査権限を有していれば無罪を証明できたのに、それがないために無罪を証明できなかったというようなことがあってしまっては、自分の無罪を適切に証明できなかったために処罰されてはならないとする無罪推定の原則に反する結果となってしまいます。

ですから、被告人と違って圧倒的な捜査能力をもつ検察官の側に立証を求めるのも当然のことなのです。

検察官が求められる立証の程度

検察官が十分に有罪立証できなければ被告人は無罪ということは、逆にいえば、検察官の有罪立証が十分であれば有罪にできるということで

す。では、その「十分な立証」の程度は具体的にはどのようなものでしょうか。

　民事裁判では、一般的に「社会の一般人が日常の生活において安んじてこれに頼って行動する程度」とか、どちらの証拠が信用できるかという「証拠の優越」で足りるなどといわれ、刑事裁判よりも弱い立証で足りるといわれています。

　一般的には、検察官の立証は、被告人が有罪であることが「合理的な疑いを超える」程度に証明されなければならないとされています。最高裁の判例でも、「通常人なら誰でも疑いをさしはさまない程度の真実らしいとの確信」（昭和23年8月5日最高裁判決）が得られるまでの立証をしなければならないと述べられています。つまり、わかりやすくいえば、誰もがふつうに考えて疑問点が見つからないほど見事に立証されていることが必要なのです。

　これも、どちらの証拠が信用できるかという「証拠の優越」で足りるとされている民事裁判とは大きく異なるところですが、通常、当事者が対等である民事裁判と違い、検察官（国）は強大な権力をもち、一方的に被告人に刑罰を科す立場だからこそ、立証の程度にも高いハードルが課せられているのです。

弁護人選任権

「なぜ、犯罪者を弁護するのか？」

とても素朴な疑問だと思います。人を殺す、女性を強姦する、人が住んでいる家に放火する等々、いずれも社会的にみてたいへんな犯罪です。みなさんの中には、「そんな悪い奴、弁護なんかせずに、必要な罰を与えて社会から追放すべきだ」と思う方もおられると思います。

しかし、被疑者や被告人が弁護人をつけることは、憲法をはじめ国際人権規約や刑事訴訟法でも認められている権利です。それはなぜでしょうか。

最も大きな理由は2つあります。1つは、その人が本当に罪を犯したのかどうか、完全にはわからないからです。2つめは、仮にその人が本当に罪を犯したとしても、それに適した刑罰を判断する必要があるからです。そしてそのほかにも、弁護人をつける理由はさまざまあります。

以下、順に考えていきましょう。

検察官の証拠に疑問を呈して冤罪を防ぐ

犯罪は、過去のある時点で行われたものです。法廷で、裁判官や裁判員の目の前で行われているものではありません。過去のある時点で行われたものを法廷で完全に再現することは、時間を巻き戻さないかぎり不可能です。

したがって裁判官や裁判員は、「過去の痕跡」をもとに、どのような事実があったのかを判断し、本当に犯罪があったのか、本当にこの人が犯人なのか、を判断します。この「過去の痕跡」とは、証拠のことです。たとえば、血液のついた包丁、DNA型鑑定書、現場に残された犯人の遺留品・指紋、犯人を目撃した人の話等々が証拠になります。

捜査機関は、このような証拠を集めて裁判に提出します。しかし、それらはあくまで「過去の痕跡」です。何度もいうように、犯罪を完全に再現できるものではありません。犯罪が行われたかもしれない、この人

が犯人かもしれない、ということを推測するための材料の一部にすぎません。しかも、証拠は、決して絶対的に正しいものではありません。

たとえば、血液のついた包丁や指紋が、事件とはまったく別の機会についたものだったとしたら、どうでしょう。DNA型鑑定で、鑑定の対象となるべき血液を他の血液と取り違えてしまっていたとしたら、どうでしょう。犯人を目撃した人の話についても、その時あたりが暗かったり、目撃した人はほとんど犯人を見ていなかったり、また遠くから見たにすぎなかったり、さらには犯人の特徴の一部だけ覚えていて、それとよく似ている被告人を犯人と勘違いしているにすぎなかったりしたら、どうでしょう。いずれにも、それが「犯罪の痕跡」ではない危険性が含まれているのです。

証拠は、1つの事実だけを示すものではありません。その証拠がもつ本当の意味を、厳しく審査しなければならないのです。

しかし、ある立場から証拠を集め、同じ立場からその証拠に基づいて判断しようとすると――たとえば、検察官が自分で証拠を集め、その証拠に基づき、検察官自身がその人が有罪かどうかを決めたりすると――、証拠がもつ意味を限定し、時に恣意的な判断をすることになりかねません。重大な犯罪であればあるほど、捜査機関はなんとか有罪にしたいという強い気持ちをもつので、その強い気持ちが恣意的な判断につながる危険性が高いのです。それは、これまでの歴史が物語っています。

したがって、弁護人という捜査機関とは逆の立場で、上記のような、たとえば「血液鑑定はいい加減なものだから信用できない」という視点を投げかけること、そしてそれに基づき、裁判において、本当に血液鑑定が信用できるのか、いい加減なものではないのかを、裁判官や裁判員が中立的な立場から審理することが必要なのです。

事情を説明して適正な刑罰を求める

仮に、被疑者・被告人が本当に罪を犯していたとしても、その人が受けるべき罰が適正でなければならないことは、いうまでもありません。この点、検察官のみが有罪かどうかを決めることは危険だと、最初に

述べました。このことは、適正な刑罰を決めるうえでもまったく同じです。

　被告人が本当に罪を犯していたなら、その罪を正当化しようという弁護人はいないと思います。しかし、たとえば同じ殺人でも、ケンカのうえで偶発的に殺してしまったのか、綿密に計画を練って用意周到に殺したのかは、殺人に向けてどれだけ強い意思をもっているのかという点において違います。殺人を犯した後、何ら反省していない人と、本当に心から反省している人とは、今後更生していく可能性という点で、やはり違うでしょう。

　人を殺した以上、法律上そして道徳上償う必要があります。しかし、何一つとして同じ事件はありません。どのような経緯で人を殺してしまったのか、どのようにして殺したのか、「人を殺す」ということについて抵抗を感じなかったのか、犯行後、どのような行動をとったのか、ほかにもたくさんありますが、それらのすべてが事件ごとに異なります。

　したがって、刑罰に関しても、検察官が求めてくるものに対して、弁護人が被告人の事情等を提示し、第三者の裁判官・裁判員がそれを勘案して刑罰を決めるという手続があってはじめて、事件の性質や被告人の事情に見合った適正な刑罰が科せられることになるのです。

違法・不当な捜査を防ぐ

　被疑者・被告人は、一個人であり、たいていは裁判の手続についても法律についても知らない素人であるのに対し、捜査機関は、大規模な人員・施設を有する集団・権力で、訓練を受けた専門家です。被疑者・被告人は、その身体を拘束されている間、とくに取調べを受けている間、常に違法ないし不当な扱いを受ける危険性にさらされています。そして、否認事件や重大な事件であればあるほど、捜査機関は、なんとか自白をとろうとして、暴力・暴言を使った取調べをしてくることもあります。このような捜査の過程では、時に証拠が捏造されたり、間違った内容の調書が作成されてしまい、真実そのものが捻じ曲げられてしまう危険性もはらんでいるのです。

そのような時、弁護人は、捜査機関に対して、違法・不当な取調べをやめるよう申し入れたり、直接会って抗議することもあります。また、事前に、不当な取調べがなされないよう申し入れることもあります。他方、被疑者・被告人に対し、適切なアドバイス等もします。
　このようにして、弁護人は、違法・不当な捜査を防ぐ役割を担っているのです。

被疑者・被告人の心の支え

　身体拘束を受けている被疑者・被告人は、孤独で、不自由です。
　多くの人は社会の中で働き、家族や恋人、友人と会ったり話したりして日常生活を送っています。しかし、身体拘束を受けるや、その社会からは隔離されてしまいます。そのような時、弁護人が被疑者・被告人とその家族等のパイプ役を担うことになります。
　また、被疑者・被告人は、精神的に疲労し、ストレスを抱えたりします。無理もないことですが、泣き言を言うような被疑者・被告人はたくさんいます。家族や知人等の支えがなによりですが、面会時間が夕方5時まで限られるうえ、土日は面会できないので、一般の社会人はなかなか面会に来られません。そもそも身寄りのない被疑者・被告人もいます。そこで、弁護人が面会し、本人のストレス解消につきあったり、励ましたりすることも、その大切な役割です。
　そして重い犯罪であったり、悪質な犯罪であればあるほど、その人は社会から非難され、また知人すら敵になることもあります。そのような時、その人に寄り添い、その人が少しでも平穏でいられるように、十分かつ適正な裁判が受けられるように、その人を励ましていくことが、とても重要なのです。

責任能力

「裁判所は、『被告人は犯行当時、心神喪失状態であった』として、責任能力がないとし、無罪判決を言い渡した」そんな報道を目にすることがあると思います。

罪を犯しているのに、「責任能力がない」として無罪になるとは、どういうことなのでしょうか。

なぜ「無罪」なのか

責任能力がない状態とは、精神の障害により、自分のやろうとしていることが悪いことだと認識することができない、あるいは認識したとしても自分の行動をコントロールできない状態をいいます。刑法は、この場合に、罪を犯した人を無罪とすると定めています。

罪を犯したことが明らかなのに、なぜ「無罪」なのでしょうか。これには、刑事裁判の特殊な事情があります。

刑事裁判における「有罪」とは、責任能力があることが前提とされています。したがって、責任能力のない人は「有罪」とすることができません。有罪でない以上、「無罪」と判決しなければならないのです。

では、なぜ責任能力がないと有罪にはできないのでしょうか。具体的な事例でみてみましょう。

Aさんは、統合失調症（妄想や幻覚などの症状を示す精神疾患）を発症し、病院に入退院する生活を繰り返していました。そのうち、Aさんは、自分が悪の組織に狙われているとの妄想を抱くようになりました。しかしAさんには、それが妄想であるとの自覚はありません。

ある時、通りすがりの見知らぬ人が自分を殺そうとしていると感じ、恐怖を覚えていると、「やられる前にやっちまえ」という幻聴が聞こえました。そこでAさんは、その声に従って刃物で切りかかり、人を殺してしまいました。

このような場合、裁判になれば、事件当時Ａさんに責任能力があったのかどうかが争点となります。実際には、統合失調症といってもその程度はさまざまですし、病気の程度だけではなく、どの程度計画性があったか、犯行態様が合理的かどうか、理性が保たれていたかなど、さまざまな事情を総合的に判断して、「責任能力あり」「限定的責任能力あり」「責任能力なし」などの結論が出されることになります。そして、仮にＡさんに「責任能力はなかった」と判断された場合には、Ａさんは「無罪」になります。

　外形的には、単にそこを通りがかっただけの何の罪もない人が殺されたという悲惨な事件です。しかし、ここで考えていただきたいのは、Ａさんからみた場合の事件の態様です。Ａさんの意識の中では、先に殺そうとしたのは相手のほうです。そして、誰かに「やられる前にやっちまえ」とけしかけられたから殺してしまったのです。客観的には、これはまったく現実ではなく、あくまでもＡさんの頭の中だけのできごとですが、妄想であるとの認識がないＡさんにとっては、現実に差し迫った恐怖以外の何物でもなかったはずです。

　そのような人に対して、有罪として刑罰を与えることに、いったいどんな意味があるでしょうか。

　刑罰は、基本的には、犯罪に対してペナルティを与え、犯罪者に反省を促すためのものです。しかしＡさんの場合は、反省をしようにも、その基盤となる事実の認識がありません。そして、精神病であったがゆえに、「殺人はいけない」と冷静に考えて自分を押さえることもできず、聞こえてきた声に従ってしまったのです。つまり、その時のＡさんは、精神病に操られている、いわば操り人形だったといえます。

　たとえば、３歳の子どもが、お母さんと一緒に買い物に行き、お母さんが見ていないうちに店のものを持って帰ってきてしまったとします。この時、３歳の子どもを窃盗罪といえるでしょうか。この子の罪を問うのは、どこか違う気がするでしょう。それは、この３歳の子どもが、「お店にあるものは他人の物で、勝手に取ってはいけない」というルールを理解していないからです。刑罰という苦痛を与えてその人を責めること

ができるのは、刑罰を理解し、それに従って行動できることが前提なのです。

　しかもAさんには、その病気を患ったことについても何の責任もありません。統合失調症を発症してしまう原因はさまざまであり、そのすべてが解明されているわけではありませんが、遺伝や脳の障害によるものであることも多く、いずれにしてもAさんが何か悪いことをしたから病気になったというわけではありません。

　そう考えると、Aさん自身も病気という事故に遭った被害者ともいえます。このような人に刑罰を与えることが、はたして正義といえるでしょうか。したがって法律は、責任能力がない場合は無罪とすることとしているのです。

だからといって「放免」になるわけではない

　「それじゃあ、どんなに悪いことをしても、病気であれば無罪放免になるの？」そんな疑問が生じるかもしれません。しかし、「無罪」にはなっても、必ずしも「放免」になるわけではありません。

　完全な責任能力がないと判断された人が、精神の障害について治療を受けないまま社会に復帰しても、再び悲惨な事件が起きることは、当然に予想されることです。それは、社会にとっても、本人にとっても、非常に不幸なことです。

　そこで法律は、責任能力がないことを理由として不起訴処分になったり、刑事裁判において無罪となった人については、指定された病院で専門的な治療を受けるよう定めています。2005（平成17）年7月から施行されている医療観察法では、病気によって重大犯罪を起こした人は、病気が治り、再び同じような事件を起こすことはないと医師が判断するまで治療を続けることが義務づけられています。そして、医師が入院が必要と判断した場合には、勝手に退院することはできません。強制的に入院させられ、治療を受けることになるのです。

　したがって、裁判で「無罪」になったからといって、外で自由に生活できるわけではないのです。責任能力の有無について判断するというこ

とは、具体的には、罪を犯してしまった人について、刑務所に入れるのがよいか、治療を受けさせるのがよいかを検討するということなのです。「無罪＝無実」と考えるのは間違いです。

　なお、「本当は病気ではないのに、病気のふりをして罪を免れようとする人もいるのでは？」と思われるかもしれません。しかし、詐病を貫くことは、それほど簡単なことではありません。精神科医がその人の精神状態について専門的見地から詳細に調べ、詐病ではないかも必ずチェックしていますので、医師の目を騙すことはほとんど不可能です。さらに現状としては、弁護人から見ると明らかに責任能力があるとは思えないような人でも、限定的に責任能力を認められることのほうが多く、責任能力の判断に関しては厳しい運用となっていますので、病気を偽って罪を逃れるようなことは、実際には不可能と思われます。

故意

人が死んだら「殺人」というわけではない

　日本においては、被害者が死亡して犯人が裁判にかけられた場合、「殺人罪」「傷害致死罪」「過失致死罪」のいずれかの罪を問われることになります。では、人の死という同じ結果に対して、なぜ罪名が異なってくるのでしょうか。「殺人罪」「傷害致死罪」「過失致死罪」では、それぞれ何が違うのでしょうか。

　「人が殺された」との報道を見た時に、たいていの人がまず頭に浮かべるのは、そのものずばり「殺人罪」だと思います。しかしこれは、犯人に被害者を殺すつもりがあった時にのみ適用される罪名です。実際には、殺そうとまでは思っていなかったが、暴行を振るった結果、被害者が死亡してしまったというような場合には「傷害致死罪」、相手にまったく危害を加えるつもりなどなかったのに死なせてしまった場合には「過失致死罪」で起訴されることになります。ちなみに、この「過失致死罪」の典型例は自動車事故です（「自動車運転過失致死罪」）。このように裁判では、被告人がいったいどのようなつもりで人を殺すに至ったのか、ということが重視されます。

　なぜなら、「殺人罪」であれば、法律で定められた刑罰は5年以上の懲役刑で、無期懲役や死刑とすることもできるのに対し、「傷害致死罪」であれば3年以上の有期懲役のみ、「過失致死罪」に至っては50万円以下の罰金が課されるにすぎず、刑罰に大きな差があるからです。なお、自動車による死亡事故では、運転者に飲酒運転やかなりのスピード違反をしていたなどの多大な非がある場合には「危険運転致死罪」になりますが、これでも刑罰は7年以下の懲役刑もしくは罰金100万円以下とされています。

　したがって、起訴される前に、殺すつもりなどなかったにもかかわらず「殺そうと思って刺した」などの自白調書がとられるとたいへんなことになりますし、うっかりそのような供述調書がとられてしまった場合

は、裁判で「殺人の故意」をめぐって検察官と弁護人が熾烈な争いをすることになります。

責任の重さが問われる

　では、結果が同じなのに、犯人がどう思っていたかによって科される刑罰が異なってもいいのでしょうか。それは、刑罰の存在理由と関係します。
　刑罰には、刑法などによって「このような行為をしてはならない」という警告を発し、その警告に反した者に対して定められている制裁を科すことにより、一般市民の生命や身体、財産を守るという役割があります。反面、一般市民には、法律によって定められていることに反しなければ刑罰を科されることはないという自由が保障されています。
　そうであれば、禁止されている行為を不可抗力によって行ってしまった場合には、法律に反しようとは考えていなかったわけですから、刑罰を科すのは酷なことです。それと同じように、誤って死なせてしまっただけなのに、殺そうと思って殺したことを理由に罰せられてしまうのは正義に反することになってしまいます。
　具体的な事案で考えてみてください。

　あなたは、お酒を飲んで気持ちよく酔っぱらい、歌いながらフラフラと通りを歩いていました。そして、うっかり通りすがりの男に肩がぶつかってしまいました。すると、やくざ風の男は「なんだ、てめぇ」と因縁をつけ、いきなり殴ってきました。そこで、あなたも反撃しようと殴りかかっていきました。
　うまい具合に相手の頬へとパンチがクリーンヒットして、男は道路に倒れ込みました。しかし、打ちどころが悪かったらしく、男は動かなくなってしまいました。あなたは慌てて救急車を呼びましたが間に合わず、男は死亡してしまいました。
　あなたは男を殺すつもりなどまったくなかったのに、「殺人者」と言われ、「殺人罪」に問われてしまいました。有罪になれば、長い間、刑務所

に入らなければなりません。もしかしたら死刑になってしまうかもしれません。

　そんなつもりはないのにうっかりやってしまった、という経験は誰しもがあることでしょう。たとえば、満員電車でつい他人の足を踏んでしまった、他人から借りた物を使っているうちに壊してしまった。そのような時に、足を踏まれた人は、わざと踏まれれば怒るかもしれませんが、満員電車だから仕方ないと思えば怒りもしないでしょう。また、物を壊された人も、わざと壊されたならともかく、うっかり壊してしまったことに対してまで、弁償はしてもらっても恨んだりすることはないでしょう。このように、結果として同じ被害でも被害感情が異なるのは、他人に危害を与えたのが意図的か否かによって、相手の責任の重さを判断しているからです。
　もちろん、どんな理由であれ、人を死に追いやってしまうのは重大な犯罪です。これに関しては簡単に許してくれる遺族もいないでしょう。しかし、犯罪行為と刑罰の関係は基本的には同じです。「故意」に行ったほうが、責任は重大なのです。
　ですから、裁判において、被告人に対する量刑を判断するにあたっては、犯罪行為による結果だけではなく、被告人がどのような気持ちで行ったかを十分に考慮する必要があるのです。ここで挙げた事例のように、結果が甚大だからといって、被告人に過度の責任を負わせてしまうことはあってはならないのです。

証拠裁判主義

裁判は何を根拠に決めるのか

　裁判が現在のように起訴した検察官側と起訴された被告人側との闘いになったのは、実はそれほど大昔のことではありません。かつて裁判は、①火にかけた亀の甲羅が割れれば有罪、割れなければ無罪とする（亀甲占い）、②裁判にかけられた者に、釜で沸かした熱湯の中に手を入れさせ、火傷しなければ無罪、大火傷を負えば有罪とする、③被害者との決闘によって決するなど、非科学的で野蛮な方法で行われていた時代もありました。

　しかし、このような非科学的な方法で刑罰を受けるかどうかが判断されるのは、あまりにも理不尽です。しかも、これらの方法では、有罪かどうかの判断をするための根拠が犯罪事実とまったく無関係なので、判断が恣意的になります。

　そこで、理不尽な裁判方法とは決別して、客観的に犯罪事実に即して審理を行うとともに、裁判官の恣意な判断を排除するために考えられたのが、「事実の認定は、証拠による」という方法です。これは、現在では、日本でも刑事訴訟法317条に定められる刑事訴訟法上の大原則となっています。いわゆる証拠裁判主義です。

「証拠」とは

　では、裁判における「証拠」とは、具体的にはどのようなものでしょうか。犯罪事実に関係したものでなければならないのはもちろんですが、裁判で判断の根拠とするための「証拠」は、一般的に考える証拠とは少し違います。

　たとえば、検察官が法廷で主張として述べたこと（たとえば「冒頭陳述」）は「証拠」ではありません。したがって、これを判断の材料とすることはできません。

一方で、同じように法廷で述べられたことであっても、証人が証言台に立って話すことは「証拠」となります。これは、裁判において、証拠とするかどうかの手続を経て、正式に「証拠」として認められたものだからです。
　ただし、「証拠」といっても、そのまま鵜呑みにしてはならない場合もあります。とくに証言を判断の材料とするにあたっては、"人の話はあてにならない"ことを十分に肝に銘じておく必要があります。物的証拠と違って、人間は勘違いや思い違いをするものだからです。したがって、証言の場合には、裏づけとなる他の「証拠」も吟味することが大切です。
　そして、裁判員が判断を行う場合に最も注意しなければならないのは、マスコミなどの報道です。「テレビではこう言っていたんだけど」と思うこともあるかもしれませんが、報道されている内容は、それが法廷に「証拠」として出されないかぎり、裁判では「証拠」にはなりませんので、判断の材料とすることはできません。たとえ、その事件に関してどのようなスクープが報道されたとしても、裁判においては、その内容は一切切り離して考えなければならないのです。

違法収集証拠とは

　先ほど、裁判における「証拠」は、手続を経て認められたものでなければならないと説明しました。では、どのようなものが認められ、またどのようなものは認められないのでしょうか。
　具体的には、証拠の採用は、検察官が出したものに弁護人が同意したり不同意にしたり、逆に弁護人が出したものに検察官が同意したり不同意にしたりして、事件の担当者が話し合う中で、最終的に裁判官が決することとなりますので、「この証拠は絶対に採用される」などというものはありません。しかし、「絶対に採用されない証拠」はあります。そのひとつが、違法収集証拠と呼ばれるものです。
　検察官が提出する証拠は、もちろん捜査機関が集めてきたものです。それが、たとえば、勝手に人の家に入って家捜しをして持ってきたものだったり、暴力を振るってとってきた証言だったとしたら、どうでしょ

うか。おそらく、ほとんどの人が「それは捜査の行き過ぎだ」と感じることでしょう。では、次のような場合はどうでしょうか。

　警察官が道端である人に職務質問を行ったところ、なんだか様子がおかしいので、もしかしたら覚せい剤を持っているのではないかと思い、警察官数人で暴力によって抵抗を抑えつけたうえで身体中を探ったら、ポケットから覚せい剤の入った袋を発見しました。こうして発見された覚せい剤は、はたして「証拠」となるのでしょうか。答えは「否」です。本人の許可なく身体を取り調べ、暴力を振るって手に入れるという方法は違法ですから、違法収集証拠となり認められません。そうすると、「証拠」となるべき覚せい剤がないので、ほかに証拠がなければ、検察官は覚せい剤の所持を証明することができず、起訴自体ができないか、被告人は無罪となってしまいます。

　さらには、こんなことも考えられます。警察官がある人を質問をしようとしたら、突然、逃げてしまったので、怪しいと感じた警察官が、その人が出てきた家に法律上の手続を経ることなく勝手に入ってみたところ、死体を発見しました。この死体は、犯罪の「証拠」になるでしょうか。これも答えは「否」です。

　ここまで考えると、違和感を感じられる方が多くなるかと思います。「覚せい剤を持っていたのに覚せい剤の所持にならないなんておかしいじゃないか」「現に死体があるのに、これが証拠にならないなんて信じられない」というのがふつうの感覚でしょう。しかし、これを許してしまうと、捜査はいくらでも野放図になり、捜査機関の暴走を許してしまうことになりかねません。

　この部の最初の「無罪推定の原則」でも説明したように、被疑者・被告人と比べると、捜査機関の力は圧倒的です。このような強大な力をもつ捜査機関が、さらに違法なことまで平気でできるような状況になってしまったら、一個人である被疑者・被告人はひとたまりもありません。簡単に証拠を揃えられ、どんどん罰せられてしまうことになるでしょう。

　実際、政情不安などで司法が十分に機能していない国では、権力側のいいように証拠が集められ、権力者にとって都合の悪い人物は簡単に有罪になって何年も刑務所に入れられるというようなことが起こってしま

す。手続を厳格にし、司法が独立した存在としてこれをきちんとチェックするということを怠ってしまうと、ひいてはこのような無法状態を招く結果ともなりうるのです。

　ですから、裁判において手続は非常に重要です。それは、実際には犯人だとしても検察官が十分に有罪を立証できなければ無罪と推定する「無罪推定の原則」と同様、システムとして、刑事裁判が譲ることのできない一線といってもよいでしょう。個別にみれば、たしかに「そんなのおかしい」と思うようなこともあるかもしれません。しかし、たとえ明らかに犯人でも無罪になってしまうリスクを負ってまでも、制度としてこうした原則や主義を保っていないと、刑事司法全体が根底から崩れてしまう危険性があるのです。

　なお、「そんなに被告人にばかり有利じゃ、真犯人がのうのうと逃げ延びて被害者は浮かばれないじゃないか」と考えて失望することはありません。実際には、先ほどの「死体」のような極端な例はまずありませんし、真犯人を処罰したければ、捜査機関が真摯に十分な捜査を適法に行い、検察官がそこで得られた「証拠」をもとに一分の疑いももたれないほどに有罪を立証すればよいだけの話なのですから。

死刑

死刑の実態

　日本では、殺人や強盗殺人などの重大事件を起こした場合、死刑判決が下されることがあります。「日本では」と前置きしたのは、世界を見渡すと、死刑を廃止している、あるいは事実上死刑が執行されていない国のほうが多数となっているからです。現在、およそ7割の国が死刑を廃止しており、先進国では、死刑があるのはアメリカと日本だけとなっています。

　その死刑の実態は、つい最近まで、法務省がまったく公開しなかったため、一切が闇の中でした。それが2010（平成22年）になって、千葉景子法務大臣（当時）が自ら死刑執行に立ち会うとともに、死刑執行プロセスの公開を進めていくことを宣言したことで、刑場が公開されることとなりました。

　しかし、死刑制度については、まだまだ公開されていない部分があります。

　まず、死刑確定囚がどのような順番で執行されるのかは、まったく明らかにされていません。死刑を執行することは、執行の日の朝まで本人にも知らされません。したがって、死刑判決を受けた人は、いつ執行されるのか、常に怯えながら毎日を過ごさなければなりません。そんな中で、死への恐怖に耐え切れず、精神に異常を来してしまう死刑囚も少なくありません。

　また、家族にも執行前に知らされることはありません。それどころか、執行後も正式に通知をする制度はなく、遺体を引き取るかどうかの確認が電話でなされるだけです。したがって、死刑囚の家族は、死ぬ前に一目会いたいと思っていても、何も知らされないまま、ある日突然、事務的な電話を通して死刑が執行されたことを知ることとなります。

死刑事件に冤罪はないのか

　死刑制度に関しては、現在、国民の８割がその存続を支持しているともいわれています。その最も大きな理由は、「殺された被害者や遺族のことを思うと、死をもって償ってもらうしかない」というものです。
　一方、死刑に反対する人が真っ先に挙げるのが「誤判の可能性」です。死刑が制度として存在する以上、誤判は絶対に許されません。なぜなら、誤判によって無実の人が死刑に処せられることがあるとすれば、それこそ何の罪もない人を殺してしまうことになるからです。残忍な殺人に対して正義を実現するために極刑で臨んだはずの国家が、自ら残忍な殺人を犯してしまうことになるのです。
　しかし、裁判は人間が裁くものですから、絶対に間違いがないなどということはありえません。実際、本書の第３部で紹介するように、再審で無罪となった人や服役中あるいは服役後に無実が証明された人が、現実にいます。
　そうであれば、死刑判決を受けた人の中にも、実際には犯罪を犯していない無実の人が含まれていないとも言い切れないのではないでしょうか。そして、もしもそのまま雪冤を晴らすことができずに死刑を執行されてしまったら、その人の無念はいったい誰が晴らしてくれるのでしょうか。
　「死刑になるような大きな事件なら慎重に裁判をするだろうから、さすがにそんなことにはならないのでは？」そう思われるかもしれません。しかし、日本で再審無罪となった４件は、いずれも死刑判決が下された事件でした。つまり、再審がなければ、その人たちは実際に死刑になっていたのです。
　アメリカには、有罪判決を受けた被告人をDNA型再鑑定によって救済する活動を行っている「イノセンス・プロジェクト」という団体があります。彼らの活動によって、2008年までに237人が再審で無罪判決を受けました。そのうち、死刑判決を受けた後で無罪が明らかになった事件は17件もあったそうです。
　「日本では絶対にそんなことはない」「死刑判決が下された人は絶対に

103

真犯人だ」はたしてそう言い切ることはできるのでしょうか。

葬り去られた冤罪の可能性

　2009（平成21）年6月、「足利事件」の菅家さんが、17年も刑務所で過ごした後にDNA型再鑑定で無実が証明され釈放された事件は、大きなニュースとなりました。これで冤罪の存在は一気に世間に知れ渡ることとなり、無実の罪で17年も刑務所に閉じ込められていた菅家さんには人々の同情が集まりました。

　その少し前の2008（平成20）年10月、福岡で1人の死刑囚の刑が執行されました。「飯塚事件」で死刑判決を受けていた久間三千年さんです。彼は一貫して無罪を訴え続け、再審の準備をしている最中でした。

　「飯塚事件」は、1992（平成18）年2月20日に福岡県飯塚市の小学校1年生だった女児2人が登校中に行方不明になり、翌日、同県甘木市（現在の朝倉市）の雑木林で死体が発見されたという事件です。決定的な証拠が何も見つからない中、久間さん逮捕の決め手となったのは、ここでもDNA型鑑定でした。そして、第一審と控訴審は、DNA型鑑定の証明力は十分ではないとしながらも、犯行を否認し反省の色もなく残虐非道な犯行であり、被害者遺族の厳罰感情が著しいとして、死刑判決を下しました。さらに最高裁では、DNA型鑑定の証拠能力も認めて死刑判決を維持し、確定しました。

　この2つの事件の最初のDNA型鑑定は、ほぼ同時期に実施されました。第3部で詳しく述べますが、当時、DNA型鑑定はまだ緒に就いたばかりで、十分に精度の高いものではありませんでした。そのため、菅家さんは最新のDNA型再鑑定によって犯人ではなかったことが明らかとなったのです。では、「飯塚事件」はどうだったのでしょうか。「足利事件」と同じように、DNA型再鑑定で、犯人のものと久間さんのものは同一ではない、との結果が出たとしたら……。

　久間さんの遺族は、2009年10月28日、福岡地裁に再審を請求しました。再審請求では、足利事件のDNA型再鑑定を行った大学教授による鑑定書が新証拠として提出されています。ただし、これは再鑑定ではあり

ません。捜査機関は、犯人のものとされたDNA試料は使い切ってもう残っていないとしているからです。

　久間さんはもう戻ってはきません。しかし、この事件をこのままうやむやにすることは許されません。本当に無実の人が死刑になったわけではないのか、私たちは知る必要があります。

生まれながらの極悪人はいない

　日本には現在、終身刑はありません。死刑の次に重いのは無期懲役刑です。ただし、「無期」といっても刑の期間が決まっていないだけで、法律で、10年を超えていれば、更生保護委員会が認めた場合は釈放してもよい、とされています。そこで、「日本には終身刑がないから」という理由で死刑制度に賛成する人もいます。「一生刑務所にいてくれるならいいけど、出てくるのは困る。それなら死刑にするしかない」というわけです。

　しかし現実には、釈放されるまでの期間はどんどん長くなっており、無期懲役判決を受けた人は、そのほとんどが釈放されることなく、獄中で死亡しています。実態としては「終身刑」といっても過言ではない状況です。

　しかしそれでもなお、無期懲役と死刑との間には決定的な差があります。命を奪ってしまえば、もうそこで一切の可能性はなくなるからです。

　裁判というものは、限られた時間で行われるものです。その場では反省ができなかった被告人でも、もしかしたら時間をかければ更生できるかもしれません。実際に、死刑が確定した死刑囚でさえ、死刑が執行される前には仏のようだったとの話を聞くことがあります。しかし、どんなに悔い改めても、死刑囚に待っているのは「死」だけです。

　これまで筆者が出会った被疑者・被告人には、殺人犯もいましたが、「更生の余地なし」と感じた人は１人もいませんでした。芥川龍之介の『蜘蛛の糸』ではありませんが、どんな人にも、ふとしたところで善なる部分を感じ、「根っからの悪人はいないのではないか」と思うようになりました。

こうした印象が正しいかどうかは措くとしても、真剣に被疑者・被告人と向き合ってきた弁護人であれば、多くの犯罪について、そうなってしまった責任は被疑者・被告人だけにあるのではない、と感じている人は多いと思います。そうして犯罪を犯してしまった人たちに、正しい環境が与えられるチャンスさえあれば、違った生き方ができるかもしれません。

　どんな犯罪者も人間です。死刑の判断にあたっては、その人をこの世から消してしまうことが正しいのかどうか、十分に考慮していただきたいと思います。

第3部 実際にあった信じられない冤罪事件

file 1 アリバイのあった死刑囚
──免田事件

　1983（昭和58）年7月15日、熊本地裁八代支部で、無罪判決の言渡しがなされた。
　この判決の言渡しを受けたのは、33年前に同じ裁判所で強盗殺人の罪について有罪・死刑の宣告を受け、死刑囚として身体を拘束され続けていた人物だった。
　判決は言った。この事件にアリバイが成立することは、事件記録に残された古色蒼然たる物的証拠によって示されており、自白はまったく信用できない、と。
　逆に言えば、裁判所は、アリバイの証拠がある被告人に対して、誤って死刑判決を言い渡してしまっていた、ということである。
　なぜ、そんなことが起こったのだろうか。

事件の概要

　事件は、人の寝静まった午前3時20分頃に起きた。民家に強盗が押し入り、父親を刃物で斬り殺し、母親と娘2人に斬りつけて逃走した。部屋には物色された跡があった。
　捜査は難航した。指紋や遺留品などの物的証拠が見当たらなかったばかりか、強盗か怨恨か、単独犯か複数犯か、それさえ定かでなかった。
　そのような折、ある男が捜査線上に浮かんだ。事件当夜、現場からそう遠くない場所にいたこと、人相・体格・年齢が犯人に似ていたこと、事件後に不審な行動をしていることから、警察はこの男をマークした。
　そして、警察官5人が、日が暮れた後に、すでに就寝していたこの男を訪ね、深夜の厳しい寒さの中、2時間山道を歩かせ、警察署まで同行

した。これといった証拠はなかったが、警察官の追及に、男は米を盗んだことを自供した。直ちに窃盗の疑いで逮捕され、強盗殺人の取調べが始まった。そして男は、強盗殺人についても自供した。

不思議な自白内容

自白の内容は、多くの点で破たんしていた。

現場となった民家にはとくに目印もなく、通りがかりには目につきにくかった。奥まったところにあり、見た目にもそれほど裕福そうでもない。ところが、自白によれば、「通りがかりに見て知っていた。庭先に小さな御宮があった」という。

男は、事件当夜、手に何も持っていなかった。また、事件後、自宅で母親に「ナタを持っていくが、どこにあるか」と聞いている。ところが、自白によれば、「事件当夜、ナタを持って家を出た」という。ちなみに、警察はこの自白をもとに、ナタを埋めたとされる場所を2日間捜索したが何も見つからず、後日、別の場所から見つかったなどと主張して、ナタを証拠として提出していた。

事件直後の現場には、タンスの上にあったトランクが布団の上に放り出され、物色されていた。ところが、自白には、トランクに関する話が一つも出てこない。

事件現場には、裏の出入口はなく、小さな窓があるだけだった。窓の下にある棚の上には茶わんやすり鉢が置かれており、これを落としたり割ったりせずに窓から出ることは不可能と思われた。ところが、自白によれば、「裏戸を突き開けて、そこから飛び出して逃げた」という。

アリバイの成立

男は「妻と別居することになり、いっそ山仕事をしようと家を出た。事件当夜は、特殊飲食店で接客婦と過ごした。翌日は、友人のところで泊った」と話した。

男が特殊飲食店に宿泊したのは間違いなかった。問題は、それが事件

当夜だったのか、それとも、その翌日だったのか、という点にあった。事件当夜ならアリバイ成立であり、翌日ならその逆ということになる。

男が家を出たのは、事件の２日前だった。役所で取得した妻の「移動証明書」がその証拠だった。

友人は、「男が泊ったのは、米の配給のあった日だ」と話し、友人の妻は「男が泊ったのは、事件の翌日だ」と話した。男が米の配給を受けたのは、事件の翌日だった。その１週間前にも配給を受けていたが、これは「移動証明書」の発行前だから、関係がない。

なぜ有罪になったのか

この事件は、「警察の取調べでは自白したが、法廷では事実を争った」事件ではなかった。「警察の取調べでも自白し、法廷でも罪を認めた」事件だった。男は、警察の取調べが終わり、肉親や弁護人とも接見した後の第１回公判で、裁判官から黙秘権を告げられたうえで、なお、強盗殺人事件について、犯行の大筋を認めたのだ。

その後、男は事実を争った。しかし、その話はたどたどしく、必ずしも一貫していなかった。

しかも、自白の裏づけと称する「科学的」な証拠が現れる。包丁による喉の傷がとどめの傷であったとする鑑定書、後に発見されたナタに付着していた血痕の血液型が被害者の血液型と一致するという鑑定書の２つである。

さらに、肝心のアリバイについても、事件当夜、一緒に過ごしたはずの接客婦の話が、「男が泊ったのは、事件翌日だった」「事件当日だった」と、ブレたのである。

こういう時、事件を裁く者は、どういう考えをもって審理に臨むべきだろうか。

警察での取調べの圧力があまりに強く、法廷でもそこから抜け出せなかったのではないだろうか。話しぶりはたどたどしくても、その話の内容に、迫真性を感じさせるものが含まれていないだろうか。とどめの傷かどうかで、自白の真偽を判定できるだろうか。後になって発見された

ナタにわずかについていた血痕から、被害者と同じ血液型と割り出せるということをそのまま信じてよいのだろうか。「男が泊ったのは、事件翌日だった」という接客婦の話を、確実に裏づけるものはあるのだろうか。

「疑わしきは被告人の利益に」という刑事裁判の鉄則は、このような姿勢で審理に臨むことを求めている。そして、そのような眼で見れば、この事件は疑わしさに満ちていることが、もっと早く明らかになっていたはずである。

男は「暴行・脅迫を受け、錯乱状態で自白した」ことを詳細に語った。取調官はこれをすべて否定したが、それでも、三日三晩休みなく取調べが続き、その間まったく言い分が認められなかったことはうかがわれた。

取調官は鑑定の結果を知って取調べに臨んでいた。だから「とどめに喉を刺した」という自白がとられた。ところが、死刑判決後、この鑑定人は「包丁による喉の傷はとどめの傷ではなかった」と意見を訂正している。取調官の知りえない事実を含まない自白に、どれほどの力があるだろうか。

他の証拠によれば、男がナタを持ち出した形跡はない。自白に基づいてナタを捜索しても見つからなかったという。後になって別の場所から発見されたナタが、事件に用いられた凶器だといえる根拠は十分だろうか。

接客婦の話がブレたのはなぜか。当初、接客婦は「帳面に、事件翌日の日付が書いてあったから、事件翌日と思う」と言った。ところが、その「帳面」を調べても、そんな記載はない。接客婦の証言は、事件前後の出来事についても、その出来事のあった日付が一定しなかった。細かな日付まで、確かな記憶をもっているといえるだろうか。

冤罪のあと

第一審の死刑判決の翌年、高等裁判所・最高裁判所は、この判決を支持した。

それから30年あまり、男は、毎日、死の恐怖と闘った。

無罪判決が出ても、男を犯人視したおびただしい数の報道や、人々の記憶が消えてなくなるわけではなかった。

再審公判が始まると、被害者のもとには手紙や電話が多く入った。中には嫌がらせもあった。被害者は、関係各所に「真犯人を捜してください」と手紙を書いた。検察官からは、再審無罪判決に対する控訴断念の知らせだけが届いた。

裁判は、真実を見つけ出す場ではない。真犯人以外の者を裁判にかけていくら審理したところで、真犯人が見つかるはずがない。裁判にかけられているのが無実の人であるということは、これ以上ない悲劇だ。だから、万一にもそんなことが起こらないように、検察官の立証に疑問がないか、厳しく審査しなければならない。

file 2 届かなかった無実の叫び
──松山事件

　1959(昭和34)年12月、最高裁判所に一通の書面が届いた。

　それは、強盗殺人・非現住建造物放火の罪で、仙台地裁で死刑判決の言渡しを受けていた男、A氏の書いたものだった。事件は、4年前のある日の深夜、知人方に押し入って一家4人を殺害し、箪笥を物色し、家に火を放って全焼させた、とされる。手紙の内容は、ごく一部だが、次のようなものであった。

　　私は当事件の犯人ではない。当事件の自供は、任意によるものではない。
　　私は傷害事件で逮捕されたが、初めから、当事件について尋問を受けた。しかし、潔白の私は、犯人でないことを警察官に強く述べたが聞き入れられず、脅迫、拷問的に自白の強要を受けた。
　　同房していた前科数犯のBに過酷な取調べの苦痛を訴えたら、やらないことでもやったことにして、裁判の時に本当のことを言え、と示唆された。
　　私は、警察官に加えられる心身の苦痛に耐えかね、前記、Bの示唆のごとく、裁判の時に真実を訴えようと思い、身に覚えのない犯行を認めてしまったのである。
　　身に覚えのない犯行を認めてしまったことを、Bに話したら、どこに連行されても、やったことにしろ、裁判の時にさえ本当のことを言えばよいと、また示唆された。

　　警察官に良心があれば……Bは真実を述べてくれるだろう……私は証言台に立つ彼らの姿に願いをこめたが、警察官には一片の良心

もなく、脅迫、強制、誘導の事実を否認し、Ｂも示唆した事実を否認し、あまつさえ私の言わざることまで言ったように述べるに、私はあぜんとなった。

　真犯人はいるのだ！無実を訴えている私の顔をよく見てくれ！私は何時も叫んだ。

　最高裁があるんだ！退廷する私に叫ぶ母の声。

　私は、いったい、誰を……何を信じてゆけばよいのだろうか……。しかし、私は、退廷する私に叫んだ母の、最高裁があるんだ！の声を思い浮かべた。

　そうだ、最高裁があるんだ！最高裁を信じてゆこう。

　そして私は今日も叫んでいる。真犯人はいるのだ！

1960(昭和35)年11月１日、最高裁は判決を言い渡した。
「記録を精査して見ても、原判決が、所謂被告人の自白の任意性及びその真実性に関してなした判示は、当裁判所においても十分首肯することができるから、本件につき刑訴法411条を適用すべきものとは認められない」
　この一言が、最高裁が、Ａ氏の無実の訴えを退ける判断として示した文章のすべてである。上告棄却の判決だった。Ａ氏は確定死刑囚となった。

24年後の法廷にて

1984(昭和59)年３月、Ａ氏は、再び法廷で意見を述べることになった。

　一つお願い申し上げたいのは、無実の者には無実の判決をしていただきたい。

　29年前、私は起訴されましたが、公判廷で真実を訴えれば必ず分かって下さるものと信じました。一審で死刑の宣告をされましたとき、二審では必ず分かってくれることを疑いませんでしたが、控

訴棄却でした。

　最高裁だけはと、判決当日の吉報を独房の中で待っておりましたところ、弁護人より上告棄却の電報が届きました。私はその電報を手に持って、しばし、茫然うつろになって座っていたことを今でも思い出します。

　今年76歳になる母は、長い間、寒い季節にも暑い季節にも街角に立って、道行く人に無実を訴えてくれています。末の妹は就職先を辞め、わずか16歳の身で、兄さんは何もやっていませんと、全国を訴え歩いてくれました。姉は嫁ぎ先に子供を残して、離婚されながらも私のために力を尽くしてくれました。

　私はそうした家族の身に思いをはせて、夜布団の中でひそかに涙を流したことが幾度あったことでしょうか。母や姉や妹だけでなく、家族みんなが私を助けるために必死になってくれましたのは、事件のあった夜、私が家で寝ていて、無実であることを知っているからなのです。事件のあった夜は12時前に家に帰って寝ております。私は松山事件に一切関係がございません。私は無実です。

　同年７月、仙台地裁は、Ａ氏に無罪判決を言い渡した。
　なぜ、Ａ氏とその家族は、誤った死刑判決に苦しむことになったのだろうか。
　なぜ、Ａ氏の無実の叫びは、最高裁に届かなかったのだろうか。

なぜ嘘の自白と見抜けなかったか

　Ａ氏の自白は、犯行状況が細部にわたるまで詳しく明らかにされている。しかも、臨場感ある語り口で、供述調書に記録されている。自白調書だけを読んで無罪ではないかと疑う人は、まずいないだろう。

　さらに、この事件では、Ａ氏の自白を録音した「録音テープ」が存在した。Ａ氏が、警察官の質問に応じて、約39分間にわたり、犯行動機、犯行に至る経緯、犯行の手段・態様、犯行後の行動、犯行についての自責の念を語ったものである。

ただし、なぜ、A氏がこのような自白に至ったのか。それは「録音テープ」には記録されていない。

無罪判決は、この「録音テープ」を、次のように評した。

「右録音テープは、現にA氏を取り調べている状況を録音したものではなく、すでに自供した内容の全体をそつなく盛り込み、供述調書の形をとるかわりに録音という形をとって表したものにすぎない」

「A氏が否認の手記で述べている内容と、録音テープの会話は、符節が合うようにも思われる」

「殺害行為の内容についても印象的なものがなく臨場感に欠ける内容になっているように思われる。さらに、血の付いた位置、洗った様子などについて具体的な説明もない」

「右録音テープは、A氏が自白をしたことの裏付けにはなるとしても、供述調書に比し新味のある供述が含まれている訳でもなく自白の信用性を高めるものとはいえない」

なぜBは自白を勧めたのか

A氏は、傷害の別件で逮捕された当日から、強盗殺人・放火事件についての取調べを受けた。

刑事は、A氏を頭ごなしに怒鳴りつけた。

A氏が知らないと言っても、一切、取り上げない。むしろ、「やったと言わないかぎりはいつまでも出さない」と言う。

取調べは毎日朝9時頃から夜遅くまで3人の刑事によって続けられた。早くて夜10時半まで、遅い時は夜12時頃まで続いた。

心身ともに疲れても、待っているのは薄寒い留置場だけだった。暖かいところに行きたい、甘いものを食べたい、外に行ってみたい、と思ってもどうにもならない。こんなことを毎日されては気が狂ってしまう、いっそ自分がやったことにしようか、という思いが頭をよぎる。

このような時に、Bは、A氏に自白を勧めてきたのである。

弁護人は次のように主張した。

「単に偶然Bが示唆をしたという消極的なものではけっしてない。そ

れはいわば警察のスパイとしての役割をになって登場するもので、謀略捜査の最たるものであると考える」

この点について、無罪判決は、次のように言った。

「Bの自白示唆は、同人の供述内容からみると、捜査員との共謀に基づいたものとは認めがたく、むしろ捜査員に迎合したBの発意によるものと認められ、たやすくこれを信じた被告人の軽率さも軽視できない」

しかし同時に、判決は次のようにも言った。

「Bは、警察で取り調べを受ける中で、『Aは毎晩うなされていました』『人を殺したのであのように唸るのだと思います』『私はAが人殺しをしたと思っております。』等A氏を犯人に仕立てるような報告をしていた。BをA氏と同房させる理由も見当たらず、Bはいわゆる謀者として捜査に利用されたものと考えられる。この捜査により、A氏は信頼していたBにひそかに四六時中監視され、密告されたことにより、正当に受けるべき身柄勾留の利益を損なわれたのみならず、同房者の不確かな情報に基づいて捜査員が黒の印象を一層増幅させていたふしが窺われるのである」

なぜ科学的な検証が十分になされなかったか

検察官は、A氏の自白を裏づける「科学的な」証拠を提出した。A氏が使っていた布団の襟当てから、A氏の家族の誰とも一致しないが、被害者とは一致する血液型の血痕が発見されたというのである。

検察官は、「A氏が返り血を頭に浴び、頭を洗わないままその2、3時間後に帰宅して寝たから、襟当てに被害者の血痕が付いた」と主張した。これに対して、A氏は、「押収された掛布団は、警察の手によって血痕が付着せしめられたものであると、私は断言する。なぜならば、私は真犯人ではないからだ」と言った。弁護人は、多数の血痕がついた布団をA氏が10日間にわたって使い、家族が50日間保管し続けて押収されたというのはおかしいと言い、鑑定の疑問点を指摘して、捏造だと主張した。

弁護人は、A氏の自白と矛盾する物証を提出した。A氏のジャンパ

ー・ズボンには、血液反応がなかったのである。検察官は、ジャンパー・ズボンはその後2度洗濯されているから、血液反応がなくてもおかしくないと反論した。弁護人は、洗濯しても血液反応が出ないはずがないと、科学的根拠をもって再反論した。

　A氏と弁護人の主張は、再審無罪判決でやっと認められた。科学的に緻密に調べ尽くした結果、A氏と弁護人の主張は全面的に認められたのだった。

冤罪の原因

　なぜ、死刑判決が確定するまでの間に、A氏の自白内容は科学的に緻密に調べ尽くされることがなかったのか。

　おそらく、そこに最大の壁として立ちはだかっていたのは、「無実の者がここまで詳細な自白をするはずがない」「死刑に処せられることになるような自白をすることは考えられない」「警察が証拠を捏造などするはずがない」という先入観だったのだろう。

file 3 隠し通された証拠 ——島田事件

　1954(昭和29)年3月、6歳の女の子が、強姦されたうえ、首を絞められて殺されるという事件が起こった。
　検察官は、事件発生から3ヶ月後、1人の男を犯人として起訴した。
　彼は、自分は無実だと争った。
　静岡地裁は、1958(昭和33)年5月、有罪・死刑の判決を言い渡した。
　検察官は、彼が犯人であることを「立証」する立場にあった。検察官は、手持ちの数多くの証拠の中から、有罪であることを示すものを「厳選」した。裁判所に提出されたのは、すべての証拠ではなく、ごく一部の「ベスト・エビデンス」だった。
　裁判所に提出されなかった証拠は、今なお、誰の眼にも触れることなく、検察庁で眠り続けている。1989(平成元)年1月に、再審無罪判決が言い渡されたというのに、である。

もう1人の「犯人」と、もう1人の「目撃者」

　彼は、自分が犯人だと「自白」した。
　しかし、実は、自分が犯人だと「自白」した者は、もう1人いた。
　ところが、捜査線上に浮かんだその人物に対する捜査方針はどのようなものだったのか、どのような取調べが行われたのか、検察官は明らかにしていない。未だに不明のままである。
　犯人を「目撃」した者は、3名いた。
　しかし、法廷で証言したのは、そのうち2名だけだった。
　もう1名の目撃者は、どのような目撃証言をしたのか。その内容は、当時、新聞報道された。しかし、その詳細な内容について、検察官は明

らかにしていない。未だに不明のままである。

　痛ましい事件である。その社会的影響も考えれば、国民の血税から巨額の費用を投じて大規模な捜査が行われたのも、当然のことであろう。

　しかし、そうして集まった証拠の中には、捜査官の見立てに沿わないものも含まれているかもしれない。根拠のない見込みに囚われて、捜査の方向を誤ってしまえば、事件は永久に解決できなくなってしまうかもしれない。だからといって、とにかく誰かを捕まえてしまえばいいというものではない。大がかりな捜査には危険が伴う。

　検察官は、「公益の代表者」として、証拠に基づく法の正当な適用を求める立場として、その権限を振るう。警察に都合のよい事実であろうが、そうでなかろうが、嫌疑をかけられた者にとって不利な事実であろうが、有利な事実であろうが、真実の解明に必要な事実があれば、裁判所に対して明らかにしなければならない。それが検察官の責務である。

　ところが、実際には、検察官は証拠を裁判所に提出しないことがある。そのような時、弁護人が検察官の手持ち証拠の開示を求めると、検察官はしばしばこれを「証拠漁り」だと批判する。「漁る」という言葉遣いには、暗に、それが悪事であるというメッセージが込められている。証拠を開示しないことを正当化するために、「証拠開示を求める」ことはそれ自体がけしからんことなのだと言っているのである。

　しかし、証拠を集めるために捜査官が強大な権限を振るうことができるのは、いったい何のためだろうか。誤った事件の解決がつけられようとしている時に、無罪の証拠を隠し通すことが許されるだろうか。

　この事件では、裁判所が検察官に対して、弁護人に捜査日誌を開示するようにと命じた。しかし、検察官は、捜査日誌のごく一部のみの開示に応じて、残りの大部分については開示を拒んだ。その理由は、関係者のプライバシー侵害、捜査の一般的方法・技術等の秘密漏洩のおそれがある、などというものだった。

自白は虚偽だった

　無罪判決は、自白は虚偽の疑いが強く、信用性に乏しい、と結論づけ

た。自白の内容がいくつかの確実な事実と相反しているうえ、多くの点で変遷している、というのである。

　ではなぜ、虚偽自白が生まれたのか。

　ここでは、自白した側からの説明を聞いてみたい。無罪判決は「警察官の強制の事実に誇張がある」などと言って、この説明を信用しなかった。けれども、その言葉には迫力がある。

　　調べ官の人たちは顔色を変えて、かんかんになって怒りながら大勢の人たちがよってたかっては、私の頭、顔や体、腰、足、腕、ところかまわずに、握りこぶし、平手で私を力いっぱい殴ったり蹴ったりしたのですよ。
　　警察官の人たちが私に言いましたのです。ハッキリと言うが実はＶ子ちゃんを殺した本物の真犯人の男を捕まえるために、我々はみんなと一緒に四方八方とくまなく手分けをして一生懸命に探しには行ったが犯人の男の居所が全然分からないのでとても困っているのだよ。真犯人の男を探しに行くのがめんどくさいのだよ。誰が犯人の人か我々には分からないのだよ、決め手がないのだよ。我々の言うことを聞いてくれよ、仮の白白をしてくれ、と。
　　事件のことは私は何一つ知りませんです。無関係です。全然知らないことを言えというのが無理なことであります。
　　お前が知らないとそれほど言うならば、今から我々がお前に分かるようにゆっくりと詳しく話をしてやるからよく話を聞いているように、二人の人が色々な格好をやってお前に見せてやるからよく二人の人がやるところを見ていよと言いましたのです。

捜査は難航していた

　犯行現場には、事件と犯人を結びつける物証は見当たらなかった。

　目撃者は３人いたが、目撃供述だけでは犯人像を絞り込めなかった。

　捜査本部は、不審者を次々に連行して、目撃者に面通しさせ、犯行時の行動を徹底的に洗うという方針をとった。

新聞は、犯人らしき者が検挙されたとか、犯行を自白した者が現れたと、何度か報じた。しかし、面通しやアリバイ調査の結果、すべての容疑者が捜査線上から消えていくことになった。報道のトーンは、警察捜査の能力を疑問視する内容に変わっていった。
　そのような折、「容疑者」が警察に任意同行された。当時の報道内容は、次のようなものであった。
　「写真を目撃者などに見せて捜査したが、犯人と合致する点は少なく、現在のところでは黒よりも白とみる方が強い」
　「３月１日家出、汽車で静岡市に行き、静岡から徒歩で東京まで行ったと自供している。一方、警察の調べでは家出したのは３月３日で自供と２日の食い違いがあるが、かなり日が経っているので、確実なものとは判定できず、記憶のズレからみても事件発生日の３月10日は東京にいたのではないかと推定、犯人ではないとする材料としている」
　ところが、彼は、捜査の対象から外されることはなかった。警察にとって彼が「最後の容疑者」だったからであろう。
　彼はまったくの別件で逮捕され、本件のアリバイを徹底的に追及された。放浪癖のある人物が、数ヶ月も前の自分の行動を明確に説明できるはずがない。もちろん、取調官もそのことを熟知していたはずだ。公平にみて、この別件逮捕の目的は、アリバイ潰しと自白獲得にあったといわれても仕方のないところだろう。
　そして、取調官は、別件逮捕の２日後に自白を得たのである。
　この自白より前に、ほかにも自白した者があったということは、いったい何を意味するのであろうか。その答えは、今も検察官の手元で眠っている。

目撃者の供述は変わっていった

　彼には、目撃者の供述する犯人と合致する点は少ないはずであった。
　たしかに、目撃者のうち１人は彼と面識のある人物であったが、「犯人は、初めて見る人で、土地の人ではなかった」と供述していた。
　もう１人の目撃者は、「色が白く、みぎれいな人で、勤め人だと思っ

た」と供述していた。放浪者とはまったく異なる人物像である。
　ところが、目撃者はみな、警察で彼に会わされた後、途端に話を変えてしまった。
　「土地の人ではなかった」と言ったはずの目撃者は、「彼にそっくりだった」と話し始めた。法廷では「私は近くの土地の者だと思っており、警察でもそのように述べた」と言い張った。
　「色が白い」と言ったはずの目撃者は、警察に行く前に「犯人が捕まった。今は頭も坊主刈りにしているし、色も黒くなっており、着ているものも汚れているから、今度見ると見違えるかもしれない」と警察官に言われたうえで、彼を見せられて、「そうでしょう」と答えた。
　当初の目撃供述によれば、彼は「犯人と合致する点は少ない」はずだった。供述が変わったのはなぜだろうか。暗示の影響がなかったと、誰が言えるだろうか。
　もう1人の目撃者は、当初、どんな供述をしていたのか。警察で彼を見て、どのような説明をしたのか。その答えは、今も検察官の手元で眠っている。

真犯人はどこに

　彼が逮捕されてから釈放されるまで、30年あまりの時間が経過した。
　もはや、真犯人を探す術はない。
　この事件の捜査の成果は、ただひっそりと、検察官の手元で眠るのみである。

file 4 幻となった再審開始決定
――財田川事件

　1950(昭和25)年2月深夜、一人暮らしの老人が自宅で刺殺された。被害者はメッタ刺しにされ、現金が持ち去られていた。

　強盗殺人事件として捜査が進められた。しかし、1ヶ月経っても犯人検挙の手がかりは得られなかった。

　その時、隣村で、2人組の泥棒による強盗傷人事件が起こった。2人組は直ちに逮捕されたが、そのうちの1人、アリバイのハッキリしなかったA氏が、強盗殺人事件への関与を疑われた。

　A氏は、その5ヶ月後、強盗殺人事件について自白した。自白内容はとても詳しいもので、犯人でなければとても語れないと思われる具体性があった。

　誰もが、事件は解決したものと考えた。

　ところが、A氏は、公判では自分は犯人ではないとして事実を争った。

　審理の結果は、1952(昭和27)年高松地裁丸亀支部の判決も、1956(昭和31)年高松高裁の判決も、1957(昭和32)年最高裁の判決も、有罪・死刑であった。

　死刑判決が確定したのである。

　その後、A氏は、自分は犯人ではないと再審請求を行った。1度目の再審請求が棄却されても、続けて2度目の再審請求を行った。

　2度目の再審請求事件の審理に裁判長として関与したのは、当時の高松地裁丸亀支部支部長のB裁判長であった。B裁判長は、その際の感想を、次のように述べた。

　「審査を続けていくうちに、私は自分の眼をも疑うような事実に気づくことになってしまったのである。……Aの無罪を証明することは、とりもなおさず、警察官を、検事を、先輩の裁判官の落ち度を摘発し、そ

れを暴いてしまうことにもなるのだ。……私といえども、世の人びと同様、名利を欲し、立身出世を望むことに変わりはない。……だが、自分の生活の平和を護るために、無実の者を見捨てることは、私にはどうしてもできなかった」

B裁判長は、再審開始の決定を出すことを決めた。

再審請求は、3人の裁判官の合議によって判断する。裁判長の判断だけで結論を出せるわけではない。しかしB裁判長は、残り2名の裁判官との間で十分に合議を行い、決定書の草案についても検討を済ませていた。

ところが、決定書を印刷に回した時、突然、2人の裁判官が異議を唱えた。

再審開始決定を出すことはできず、決定は延期された。B裁判長は、1970(昭和45)年、そのまま退官した。再審開始決定は幻と消えた。

B裁判長の確信

B裁判長は、なぜ、A氏の無罪を確信したのか。裁判長自身は次のように述べている。

「私は職務上、その原記録を取り寄せて読み始めた。そして読み進むうちに、私の中には、いくつかの疑問が芽生えてきた。暑苦しい夏、私は記録を自宅に持ち帰り、その一枚、一枚、表はもちろん裏をもひっくり返しながら読み返し、謄写し、検討し、幾夜記録とともに夜を徹したか知れない。精読すればするほど、私の中に芽生えた疑問は、次第に広がり、深まり、はてしなく、やがて自分でも恐ろしいひとつの結論へと導かれて行った」

無実を確信した最大の根拠は、A氏の自白内容だった。B裁判長は「A氏の自白内容は、矛盾と撞着に満ちた、常識外の非現実的なものだ。自白調書は、その分量は膨大なものだが、稀にみるほど常識の世界から逸脱したもので、むしろ、A氏の犯行を疑わしめるものといえる」とまで言った。

B裁判長退官後の1972(昭和47)年、高松地裁丸亀支部は再審棄却決

定を下した。そこには次のような記載があった。

「当裁判所は、3年余を費やし、できるだけ広く事実の取調べを実施し、推理、洞察に最善の努力を傾倒した積りではあるが、捜査官の証言も全面的には信用できず、20年以上も経過した今日においては、既に珠玉の証拠も失われ、死亡者もあり、生存者といえども記憶はうすらぎ、事実の再現は甚だ困難にして、むなしく歴史を探求するに似た無力感から、財田川よ、心あれば真実を教えてほしいと頼みたいような衝動をさえ覚えるのである。……個々の点につき解明できない疑問点も多くあるので、敢えてこれらの点を指摘する次第であり、今後上級審において更に審査される機会があれば、批判的解明を願いたく思料している次第である」

結論は再審棄却だが、退官した裁判長の確信が影響したのであろう、まるで、後に再審無罪となることを見越して、先回りして言い訳しているかのような文章である。

B裁判長は、弁護士となり、A氏の弁護を担当した。そして、再審棄却決定を次のように批判した。

「A氏はこれまで、自分の無実を証明するものとして、次のような重大な事実を指摘してきていた。これらの主張のうち、そのひとつだけでも事実であるならば、死刑囚Aは無実であることが立証されることになる」

B弁護士が整理したA氏の主張は、次の6点である。
① 現場に遺留された足跡がA氏のものと一致しない。
② 血痕の付着したズボンはA氏のものではない。
③ 現場に落ちていた犯人の遺留品（海軍用バンド、マフラー）が証拠として提出されていない。
④ 現場に遺留されたリュックサックの所有者の調査がされていない。
⑤ A氏が用いたという凶器の入手経路が調査されていない。
⑥ A氏は強奪した金を警察自動車から捨てたと自白しているが、両手錠をかけられたうえに警察官に看視されていては、そのようなことは不可能だ。

最高裁の「差戻決定」が批判したもの

　1976(昭和51)年、最高裁は、高松高裁・高松地裁丸亀支部の再審棄却決定を取り消し、再審請求事件を高松地裁に差し戻した。
　幻の再審開始決定を起草した高松地裁丸亀支部の裁判長は、退官後、弁護士となり、A氏の弁護を担当していた。
　最高裁は、次のように言って、彼を批判した。
　「B弁護人は、正則の抗告趣意書を提出したほか、累次にわたり印刷物、著書等により、世間に対して申立人の無実を訴え、当裁判所にもそれらのものが送付されたが、弁護人がその担当する裁判所に係属中の事件について、自己の期待する内容の裁判を得ようとして、世論をあおるような行為に出ることは、職業倫理として慎しむべきであり、現に弁護士会がその趣旨の倫理規程を定めている国もあるくらいである」
　「もっとも論述中に裁判所の判断と部分的には合致する点もあるが、論述全体を通じてみるならば、当裁判所の判断過程及び結論とはおよそかけはなれたものであることは、以下の説示と対比すれば明らかであろう」
　しかし、最高裁は、結論としては確定判決に疑問を呈し、「3疑点・5留意点」と呼ばれる、多岐にわたる問題点を指摘した。その詳細は次のとおりである。
　疑点①——A氏は「被害者をメッタ突きした後、被害者が腹部に巻いていた胴巻に手を入れて現金を奪い取った」と自白しているが、被害者の胴巻に血痕が付着していないのは不自然だ。
　疑点②——A氏は「電球の近くで胴巻の中を調べて財布を取り出し、胴巻を四畳半の着物にかけた」と自白しており、そうであれば血の海を歩いているはずなのに、血痕足跡がないのは不自然だ。
　疑点③——A氏は「逮捕時、100円札80枚をオーバー内側のポケットに入れていたが、連行される際に護送車から投げ捨てた」と自白しているが、そのようなことができたか疑わしいうえ、8000円を持っていたというのであればA氏が強盗事件を犯す動機も薄弱になる。結局、胴巻

から金員を奪取しその残金を持っていたことそれ自体が疑わしい。

　留意点①——Ａ氏が犯行時に履いていたと自白した革靴が警察に押収されたが、行方不明になり、裁判所に提出されていない。現場の血痕足跡とこの靴が一致するかどうか、慎重な取扱いをすべきだ。

　留意点②——被害者宅の軒下に、ある者の氏名が書かれたリュックサックが遺留されていた。警察はこの者を調べたというが、供述調書も存在せず、調べた内容も不明である。

　留意点③——検証調書には、被害者宅母屋西側にズック靴の足跡が残っていたと記載されている。これがＡ氏の履いていた「革靴」ではなく「ズック靴」なのかどうか、解明すべきであったと思われるが、それがされていない。

　留意点④——ズボンは、犯行と被告人を結びつける唯一重要な証拠であるが、「警察が、Ａ氏の弟が履いていたズボンとすり替えたものだ」と主張がなされており、押収手続がずさんであるため紛議の種となっている。

　留意点⑤——真犯人でなければ知りえないという「２度突きの自白」（胸部の同じ場所を２度突き刺したという自白）は、遺体解剖の際に捜査官が知っていた事実であり、取調官ただ１人だけが知らなかったというのははなはだ訝しい。

　最高裁は、自らの意見を、Ｂ弁護士の意見と「およそかけはなれた」ものなのだと言った。しかし、Ｂ弁護士も最高裁も、「Ａ氏の自白内容は、その分量は膨大なものだが、常識の世界から逸脱したもので、むしろ、Ａ氏の犯行を疑わしめるものといえる」という点では、意見は異ならないのではないだろうか。なぜＢ弁護士は、最高裁から強く非難されねばならなかったのであろうか。

再審無罪判決

　1984（昭和59）年、高松地裁は、ようやくＡ氏に再審無罪の判決を言い渡した。

　高松地裁がその理由として挙げたのは、次の各点であった。

① 犯行状況に関するＡ氏の供述が変遷している。
② 被害者の胴巻に血痕が付着していないのは不自然である。
③ 革靴と血痕足跡の照合結果が証拠提出されない理由は、それが合致しなかったからと疑うに足る理由がある。
④ 凶器の刺身包丁が発見されないのは不自然である。
⑤ 奪取金員に関する使途・投機に関するＡ氏の供述は信用できない。
⑥ Ａ氏のズボンにＯ型の血痕が付着していることは、Ａ氏と犯行を結びつけるには足りない。

再審無罪判決の言渡しがなされるまで、幻の再審開始決定からは14年もの月日が流れていた。Ｂ弁護士はその前年に亡くなっていた。

刑事裁判とは、いったい何を守るためのものなのだろうか。

file 5 科学鑑定が証明した無実
──足利事件

　1979(昭和54)年、栃木県足利市で、5歳の幼女が殺害され、全裸で遺棄されるという事件が起こった。その後も足利市では、1984(昭和59)年に5歳の幼女が、1987(昭和62)年に8歳の幼女が殺害される事件が続いた。すべて未解決のままだった。

　1990(平成2)年5月12日午後9時45分頃、足利署に、4歳の幼女の捜索願が出された。県警は直ちに100名に上る捜査員を動員し、警察犬まで出動する大がかりな捜査が行われた。

　しかし、翌13日午前10時20分頃、河川敷で幼女の全裸の遺体が発見された。遺体にはAB型またはB型の唾液が付着し、半袖下着にはB型の精液が付着していた。

　県警は、犯人像を、性的異常者で幼児に興味がある血液型B型の男と捉え、県警の威信を賭けて、犯人検挙に向けて徹底した捜査を行った。事件発生後2週間で、動員した捜査員は延べ2661名、入手した関係情報は5166件、市民からの情報提供は99件に上った。

　しかし、捜査は難航した。事件発生半年後に捜査本部長が発表したコメントは「目撃者はほぼ皆無」というものだった。

初動捜査

　被害幼女は、事件当日午後6時40分頃、パチンコ店駐車場で1人で遊んでいたものと思われたが、その後の足取りは不明だった。幼女の死亡推定時刻は午後7時から8時前後であった。

　幼女の足取りを追った警察犬は、パチンコ店から150メートルほど離れた空き地に入り、その空き地の中を150メートルほど進んで、空き地

の中にあった砂山で足を止めた。さらに、そこから500メートルほど離れた児童公園の砂場にたどり着いた。警察犬の足はそこで動かなくなった。

　幼女の遺体は、その児童公園近くの河川敷で発見された。そこは葦と雑草ばかりの場所であったが、幼女の顔の全面には砂が付着していた。

　捜査本部は、犯人は、幼女に声を出されるのを警戒し、砂場で口をふさいで幼女を殺したのではないかと見て、砂場の砂と遺体の砂が同一であるかどうか、科捜研に鑑定を依頼した。

　この見立てが正しければ、犯人は、幼女を連れ出し、800メートルほどの距離を一緒に歩いて行き、人目のない公園にやって来たということになる。しかし、鑑定によっても、遺体の砂はどこの砂なのか特定できなかった。

　そして、幼女の目撃者はついに現れなかった。県警は、不審者情報から容疑者の洗い出しをするよりなかった。

任意同行

　幼女殺害事件が続いたことで、足利市の幼稚園関係者は疑心暗鬼になっていた。

　捜査員の聞き込みに対応したある幼稚園の園長は、「何の証拠もない」「勘」によるものだとしつつも、その幼稚園に勤務しているバス運転手が幼女に性的関心をもっているように思うと話した。

　こうして、幼稚園バスの運転手は、何の証拠もなく、単なる勘によって容疑者のリストに入ることになった。

　捜査員は彼を尾行した。内偵捜査の結果としては、彼と犯行を結びつけるものは何も出てこなかった。

　しかし、県警は、彼に任意同行を求めることを決めた。彼には依然として嫌疑がかかっていたのである。

　否、「依然として嫌疑がかかっていた」どころではない。任意同行当日には、朝刊に「DNA鑑定で一致」との大見出しが並んだのである。

　捜査員は彼の自宅に向かった。「警察だ」とだけ言って家に上がり、名

乗ることもせず、「お前、子どもを殺しただろう」と迫った。

捜査員は、「何もやっていません」との返事を聞くと、彼の胸を肘で突いて後ろに倒した。彼が起き上がるのを待って、幼女の写真を見せて「謝れ」と要求した。「やっただろう！」と怒鳴りつけた。

彼は泣きながら、写真に手を合わせて、「何もしていません。今日は結婚式に呼ばれています」と言った。捜査員は「そんなことはどうだっていい。今から警察に行くから、着替えろ」と返した。

こうして彼は「任意同行」された。

自白

彼は任意同行後、十数時間で自白に至り、逮捕された。逮捕後は、多数の自白調書が作られていった。

しかし、その内容は不可解なものだった。

彼は、被害女児がパチンコ店の駐車場でしゃがんでいたのを見たと言った。しかしそれは、事件発生時に多数の自動車が駐車したことを考えれば、彼の立っていた位置からは死角になる場所だった。

彼は、被害女児を自転車に乗せて公園へ行ったと言った。しかし、そうだとすれば、知らない人には絶対についていかない子だった被害女児は、「自転車に乗るかい」の一言で連れ出され、現場付近にいたはずの100名近くの人（しかも、その中には彼の顔見知りが含まれている可能性が高かった）にまったく目撃されないまま、騒ぐこともなく600メートルの道のりをじっと自転車に乗っていた、ということになる。

彼は、被害女児に精液をかけるなどのいたずらをしたと言った。しかし被害女児の身体からは精液反応はまったくなかった。なぜか後にこの供述は訂正された。

彼の自白の内容は二転三転した。しかも、どのようなわいせつ行為をしたのか、どこで殺害したのか、その時どんな靴を履いていたのか、殺害直後にどんな行動をしたのかという、事件の核心部分の話がコロコロと変わったのである。ただ変わったというだけでなく、最終的な自白の内容は、唾液や精液の付着状況と整合しないうえ、誰かに発見される危

険を冒しながら奇妙な行動をとるという、理解しがたいものになっていた。

　そして、自白には「秘密の暴露」はなかった。一般に「秘密の暴露」がある自白は、信用に値する場合が多いと考えられている。「秘密の暴露」とは、彼の話を聞く前には取調官が知ることのできなかった事実で、裏づけ捜査の結果、間違いないと確認された事実のことである。つまり、自白の内容からは、この自白が真実だと積極的に証明できる材料はとくになかったのである。

　ところが、自白調書が作られていくのと時を同じくして、彼の弁護人がマスコミ向けにコメントを発表した。弁護人は、彼に厳しい言葉を投げかけ、彼が黙っている様子に接して、「何かを言おうとするが、言い淀んではっきりしない」と発表した。自白調書が積み重なっていくと、「罪状を否認することはできないだろう。犯行を認め、犯行の状況や動機についても口を開くようになった」と発表した。しかし、この段階で、弁護人が客観的な状況と突き合わせて自白内容を綿密に検討することは難しいし、実際、そのような検討をしてはいなかっただろう。

　孤立無援だった彼は、起訴された後、肉親に対して無実を訴える手紙を書いた。

　しかし彼は、公判では自白を維持した。肉親宛ての手紙が法廷に提出されても、彼は弁護人に求められると、「家に心配をかけると思い無実だと書きました。どうかおゆるしください」という上申書を書いた。

　取調官は、証拠を徹底的に集めたうえで取調べに臨み、目の前にいる人物こそが犯人だと確信し、本当のことを言えと、強い圧力をかけて供述を迫る。困惑の様子を見せれば芝居だろうと疑い、泣き出す様子を見れば泣き真似だろうと疑う。

　そのような取調官の前で罪を認めた者が、理解しがたい不自然な出来事を語り、その話の内容が次々に変わっていくということは、いったい何を意味するのか。何を言っても信じてもらえないならと、毎日の取調べをなんとかやりすごそうとして、必死になって作り上げた架空の物語だから、内容が不自然で、証拠とも整合せず、辻褄合わせのために話が変わっていくのではないか。

自白の真偽を判定する者は、どのような態度でそれに臨むべきだろうか。取調べの具体的な状況をつかむことには、どんな意味があるといえるだろうか。

DNA型鑑定

　彼は一審・控訴審とも有罪・無期懲役の判決の宣告を受け、最高裁に上告の申立てをした。

　有罪の強い根拠になったのは、DNA型鑑定だった。この鑑定は、科学捜査研究所が行ったもので、MCT118という遺伝子の部位を対象に、その型を判定するというものだった。彼のDNA型は、犯人のDNA型と、800人に1人の確率で一致したというのだった。

　しかし、この鑑定には疑問点が多かった。

　被害女児の半袖下着は、警察庁の内部取扱いルールに反し、冷凍保存されることなく、常温で1年以上保管されていた。それはおそらく、事件当初には、当時の技術ではDNA型鑑定はできないと判断されたからであろう、鑑定のためには700～800個の精子が必要とされたにもかかわらず、犯人の精子は3個しか確認されなかったのである。

　任意同行に先立ってDNA型が「一致」との判断がなされたのは、捜査官がゴミ袋の中から精液の付着したティッシュペーパーを集めていたからだった。ほかにも容疑者がいたにもかかわらず、一人暮らしをしていた彼に限ってこのような証拠の集め方がされたことについて、"狙い撃ち"ではなかったと本当に言い切れるだろうか。

　当時、DNA型鑑定は新しい科学的な捜査手法として注目を集めていた。DNA型鑑定について詳しく知る者は誰もいなかったが、それゆえに、これを疑わしいと批判する者もなかった。

　結局、一審・控訴審は、DNA型鑑定は誤っているとの判断には至らなかった。

　上告審では、弁護人は、彼に毛髪を送ってもらい、独自にDNA型鑑定を行った。事件から時間が経ち、科警研のMCT118法による鑑定の問題点が明らかになったことを受けてのことだった。すると、彼のDNA型

は、当初の鑑定でいわれていたのとは異なるDNA型で、犯人のDNA型とは一致しないことが明らかになった。弁護人はその鑑定結果を裁判所に提出すると同時に、被害女児の半袖下着を適切に保管してもらいたいと要望し、再度の鑑定を行ってもらいたいと請求した。

しかし、最高裁は、下着の保管の要請にも再度の鑑定の要請にも何の具体的な回答も出さないまま、上告を棄却した。

再審無罪

控訴審判決を言い渡した裁判長は、彼が法廷でも自白を維持していたことに言及した際に、「自分から、そんなことをしたなんて、ふつうなら言えないから……」と漏らした。上告審で審理にあたった5人の裁判官のうち2人の裁判官は、後に、彼が法廷でも自白を維持していたことが判断の根拠になったとコメントした。

しかし、DNA再鑑定が決め手となり、彼は再審無罪となった。現在の技術水準のもとでDNA型鑑定を行った結果、彼のDNA型は、犯人のDNA型と一致しないことがハッキリした。積極的に「自白の虚偽」が証明されたのだ。

再鑑定の門は狭かった。最高裁は、再鑑定を蹴っておきながら、「MCT118DNA型鑑定の基本的な科学的原理の妥当性及びそれを本件鑑定で用いたことの信頼性がともに認められる」と言った。

再審請求審を審理していた宇都宮地裁は、半袖下着の適切な保管の要請には応じたにもかかわらず、裁判長が交代した後、再鑑定を行わずに再審請求を棄却した。その理由は、「毛髪鑑定に用いられた毛髪が彼のものかどうか不明」というものだった。

東京高裁が被害女児の半袖下着と彼の血液についてDNA再鑑定を命じたのは、毛髪鑑定の結果が出てから11年後のことだった。

再審無罪判決は、「彼が自白した最大の要因は、捜査官からDNA鑑定の結果を告げられたことにあると認められる」「『本件自白の内容は、当時の新聞記事などから想像をまじえて捜査官などの気に入るように供述したものだった』という控訴審での彼の説明は信用できる」と述べた。

file 6 検察官によってすり替えられた証拠
――高隈事件

　1969（昭和44）年1月18日午後2時過ぎ、鹿児島県警鹿屋警察署高隈駐在所に、「弟夫婦が自宅で血まみれになって死んでいる」との通報があった。

　夫婦は頭を鈍器で殴られ、首をタオルで絞められて殺されていた。

　事件発覚後4日後には、有力容疑者が浮上した。聞き込みをしていた刑事が、被害者の同級生から「身内が犯人だと思う」と聞かされて不審を感じ、調べてみると、男の家は金に困っており、事件後にオートバイ店から借りていた軽トラックを返しているが、そこには微量の人血痕があった、というのだ。男を犯人視するには早すぎるように思われるが、実際には、男を名指しした聞き込み捜査が始まった。

　男は、4月12日になって、出稼ぎ先の神奈川県警松田署で逮捕された。背広、ラジオ、オートバイのタイヤの分割払いが滞っていたことから、詐欺などの事実で逮捕されたのだった。

　ところが、すぐに男は鹿屋警察署に移送され、逮捕事実とは無関係の夫婦殺しについての取調べが始まった。男は関与を否認した。しかし男は詐欺の事実についてなかなか釈放されず、取調べは延々と続いた。

　男は、4月24日、逮捕された詐欺などの事実で起訴され、その後5月16日には、ハチミツ1瓶の支払いが滞っていたとして詐欺の事実で追起訴された。6月13日の公判では、検察官が懲役1年を求刑し、直ちに判決言渡しの予定だった。執行猶予付きの判決で釈放される見込みだった。ところが、検察官は、被害弁済の領収書の取調べが済んでいないので調査したいとして、判決言渡しの次回への延期を求めた。裁判所はその場で判決を言い渡すことなく、男の身体拘束を続けることを認めた。

４月中は毎日、５月以降も日曜以外は毎日、早朝から夜９時、10時まで、実に80日にわたって、殺人事件の取調べが続いた。
　殺人事件の取調べのために、別件逮捕が利用されたのである。

取調べ

　のちに、この時の取調べの状況を、男は次のように説明した。
　男はアリバイを追及された。３ヶ月以上の前のある日の夜の行動を説明しろと言われても、記憶は定かではなかった。関係者との供述の食い違いを指摘された男は、混乱していき、どうしても１月15日夜の２時間のアリバイを説明することができなくなってしまった。取調官は「被害者の家に立ち寄った、そのときすでに被害者は死んでいた、ということではないのか。正直に立ち寄ったと認めろ」と迫った。
　ついに男は、被害者方に立ち寄ったことを認めた。
　すると、取調官は「男の服に被害者の血が付いていた」「被害者の日記に男の名前がある」などと、証拠に反することを告げてまで、自白を迫った。
　取調官が「殺したと言うまで調べる」と言うので、男が「そこまで言うのなら私が殺したように書け」と言うと、取調官は殺害を認めた内容の供述調書を作成して、男に署名・指印を迫った。
　取調べは５ヶ月にもわたって続いていた。署名・指印を拒否すると、取調官は、「なぜ押さないのか。裁判になった後にも、裁判長からなぜ指印を拒否したのかと追及されるぞ」と迫ったかと思えば、「私たちの言うとおりにしておけば、罪が軽くなる」などとも言った。
　男が自分の行動を説明できなかったのは、たった２時間だけのことだった。その２時間のうちに犯行が行われたと特定されたわけでもなく、むしろ捜査の初期には、犯行は１月16日に行われたとみられていた。しかし、完全なアリバイがないということから、取調官は男を犯人視する考えを捨てず、逆に疑いを強めていった。
　そうして、男は自白に至った。
　しかし、自白の内容は、現場の状況と合わなかった。取調官は、「供

述に具体性がなく、半割れだ」と判断したようで、男が犯行現場で犯行状況を捜査官に指示・説明させられることはなかった。

　自白の内容によれば、男は、湯呑茶わんや包丁など、指紋の付きやすい物を手にしていたはずだったが、そのような物から指紋は採取されなかった。湯呑茶わんに至っては、それらしい物さえ現場に見当たらなかった。鏡台の引き出しに付いていた血痕は、男の自白内容からは説明がつかなかったが、それについて男が追及された形跡はなく、鏡台から採取されたはずの指紋は証拠上見当たらなかった。

　それでも、男は殺人の罪で起訴された。

アリバイ

　男は、第1回公判で、殺人の事実を争った。

　しかし、男は、「事件当夜、被害者方に行ったところ、夫婦とも殺されていたのを発見したが、疑われると思って届けなかった。事件当夜に被害者の妻と関係をもったことはないが、1月3日に関係をもったことがある」とも述べた。

　実際には、事件当日に男が現場を訪れた事実はなかった。被害者の妻との関係に至っては、捜査官でさえそのような事実はありえないと証言したほどで、まったくの作り話であった。なぜ事実に反する不利益な事実を述べるのかと、弁護人は慌てた。

　男は、アリバイが証明できないことをなにより重荷に感じていた。取調官が再三にわたって男のアリバイを追及し、アリバイが成立しないことから疑いを強めていく様子にずっと接していたからであろう。

　男は、審理が進むと、アリバイを思い出したと言って、取調官を拘置所に呼んだ。起訴された後になって取調官にアリバイを告げるのは、おかしな話だ。しかし、男にしてみれば、「犯人が別にいるなら探す。何か相談や思いついたことがあったらいつでも連絡しろ」と取調官に言われていたから、そうしたまでのことだった。

　男が思い出したという2時間のアリバイは、地元の住民宅に立ち寄ったというものだったが、当の住民は「それは1月17日のことだ」と、こ

れを否定した。しかし、その記憶は混乱しており、どこまでアテになるか微妙なものだった。

　アリバイが証明できないことは、罪を犯したことを意味するわけではない。しかし、アリバイ潰しに力を入れていた警察のものの考え方は男にも伝染し、さらには裁判所にも影響を及ぼしてしまったのであった。

疑惑の物証

　男と犯行を結びつける唯一の物証は陰毛だった。捜査段階で鑑定を行ったところ、男が任意提出した23本の陰毛と、被害者についていた3本の陰毛のうち1本が一致したというのである。

　ところが、この陰毛そのものは、なぜか証拠請求されていなかった。

　第1回公判から3年後の第13回公判になって、突然、検察官は、男の陰毛18本と被害者についていた陰毛3本を証拠請求した。いうまでもなく、男の陰毛の数が合わない。そこで、検察官が鑑識に問い合わせて、残り5本の陰毛の所在を調査し、追加で証拠調べ請求した。

　しかし、のちに提出された5本は、陰毛ではなく、頭の毛だったということが発覚した。

　第一審の鹿児島地裁は、このことを、証拠品の保管がきわめてずさんであるというだけでなく、被害者についていた陰毛が行方不明の5本の陰毛とすり替わった疑いにもつながりうることを指摘した。

　しかし、担当裁判官のうち2名の異動を控えていたためか、裁判所はこの点についてとくに究明することをしないまま、男を有罪とした。2名を殺害したとされる重大事案であるにもかかわらず、求刑は懲役15年、判決は懲役12年だった。

　控訴審の福岡高裁宮崎支部は、実際には18本であるはずの男が提出した陰毛を「15本」と間違えるなど、ずさんで何の根拠もない理由をもとに、一審判決の結論を支持した。

　この問題に切り込んだのは、最高裁だった。

　最高裁判決は、まず、自白の内容に疑問を呈した。自白内容からすれば、現場に当然残されていてしかるべき指紋が検出されていない。返り

139

血を浴びたはずの男の身辺から人血の付いた衣服が発見されていない。凶器も発見されていない。自白とは相反する、強盗や強姦目的をうかがわせる現場の状況についても、何の説明もない。別件逮捕中に自白が得られたことにも問題がある。

そのうえで、陰毛について、強い態度で疑問を示した。5本の陰毛が行方不明のままである理由についても、誤って頭の毛が提出された理由についても、何の説明もなされていない以上、そのうち1本が被害者に付いていた陰毛とすり替わった疑いを否定できないと言ったのである。その背景には、2度にわたる鑑定で用いられていた被害者に付いていた陰毛が、1回目の鑑定と2回目の鑑定とで外見・形状に微妙な違いがあるということがあった。

最高裁はさらに、問題となっていたアリバイについて、男が被害者方に立ち寄った日時の特定、犯行時刻の特定について、十分な審理がなされていないと指摘した。

このような理由から、最高裁は、冤罪の疑いがあるとして、控訴審判決を破棄して、事件を福岡高裁に差し戻した。

捜査官であっても人間である。強い疑いをもっているが十分な根拠が得られなかったり、自白を得たのにその自白の裏づけがとれず、むしろそれに反するような証拠が出てしまって捜査が難航してしまい、どうにも解決できない状況に追い込まれた時には、何かにすがりたいような心境になることだろう。

そのような時に、証拠物に作為を加えてまで自分たちに都合のよい証拠を作り出そうとすることが、絶対に起こらないという保証はない。

自白と物証があり、アリバイが疑わしいという場合であっても、有罪の結論に飛びついてはならない。アリバイが証明されないことを過大評価することなく、自白と物証が虚偽自白と捏造物証ではないといえるかどうかを、慎重に検討しなければならないからだ。

ちなみに、この最高裁判決は、のちに刑事弁護を学ぶ司法修習生の教材として用いられるようになった。

無罪判決

　差戻控訴審では、最高裁判決が指摘した疑問点について、徹底した審理が行われた。

　検察官は、陰毛のすり替え疑惑を払拭するに足りる根拠を示すことはできなかった。自白の信用性を裏づける捜査結果を示すこともできなかった。

　そればかりではなく、差戻控訴審判決は、別件逮捕を用いた取調べを違法なものと断じて、自白調書を証拠とすることは許されないとしたうえで、犯行時刻は1月15日午後11時前後であったとして、アリバイの成立を認めた。

　まったくの無罪判決だった。

　無罪判決の言渡しがあったのは、事件から17年後のことだった。無罪を争う間、男は、世間から犯人視されながら12年近く勾留された。

file 7 巻き込まれた4人の被告人
―― 八海事件

　1951（昭和26）年１月24日、山口県麻郷村八海で、老夫婦が惨殺される強盗殺人事件が発生した。

　犯人は、家の出入口をすべて内側から閉めて、「妻が夫を殺した後で、首を吊って自殺した」ように見せかけるため、妻を殺害した後に鴨居で首を吊らせるという偽装工作を行っていた。

　すぐに、Ｙが捜査線上に浮かんだ。Ｙは、普段は金を持っていないはずなのに、この日、兄が病気にかかったという電話があったからと言って、金を払って車を出してもらっていた。調べてみると、Ｙの兄が病気にかかった事実はなく、Ｙに電話した事実もなかった。Ｙは兄のところではなく遊郭におり、衣服や身体に血がついていた。

　Ｙは、１月26日に逮捕され、その日のうちに犯行を認めた。

　Ｙの当初の自白内容は、Ｙの単独犯行を言うものだった。

　しかし、現場検証にあたった捜査主任は、「本件は数人が共同して、かかる犯行をなしたもので、一人の者の行為とは思料されず、一人にてかかる状態をなすことは不可能である」との意見を述べていた。

　そのせいか、逮捕２日後には、Ｙは自白内容を翻し、実はＹを含めて６人での犯行だったと話し始めた。

５人犯行説

　Ｙの供述をもとに、さらに４名の者が逮捕された。

　Ｙと犯行を結びつける証拠は多かった。現場に遺留された物は、Ｙの物であったり、Ｙの指紋が付着していたりした。Ｙの衣服に付いていた血痕は被害者と同じＢ型の人血であると判明した。Ｙの指摘によっては

じめて発見された物証もあった。Yが犯行に関与していたことは明らかであった。

これに対して、他の４名を犯行と結びつける物的証拠はなかった。

４名は、逮捕後まもなく、揃って犯行への関与を自白した。もっとも、検察官や裁判官に事情を聞かれた際には、４名は揃って、腫れたり傷がついている手足を見せながら、拷問を受けたために嘘の自白をしたのだと訴えたが、事態は変わらなかった。その後の警察官の取調べでは、きわめて詳細な内容の４名の自白調書が作成された。

４人が「５人での犯行」を自白した際、Yは「６人での犯行」を述べていたが、その後、Yはさらに自白内容を翻し、５人での犯行を述べるようになっていた。

結局、検察官は５名全員を強盗殺人の罪で起訴した。

第一審の山口地裁岩国支部は、全員を有罪として、主犯とされたＡを死刑とし、Yを含む残る４名を無期懲役とした。Y以外の４名はそれぞれアリバイを主張したが、家族の証言によるものであったことから信用されなかった。

無罪を主張する４名は控訴し、検察官も５名全員に対して死刑を求めて控訴した。

控訴審の広島高裁は、Ａの死刑とYの無期懲役を維持し、その他の３名については有罪との判断は維持しつつ、懲役15年・懲役12年に減軽すると判断した。

Y以外の４名は、「Yの供述は、複数犯行説を採る取調官の思惑と、自らに有利な結果を得ようとするYの思惑が一致したところから生じた、他の４名を共犯者に引っ張り込む虚偽供述だ」と上告した。

Yは上告せず、広島刑務所で服役した。

まだ最高裁がある

Ａは、冤罪事件に精力的に取り組んでいた正木ひろし弁護士に手紙を出して、「不当な死より救っていただくことを切に切にお願いしたい」と依頼した。

正木弁護士は、「裁判の記録を拝見したうえでひきうけるかどうかを決める」と返事を出した。やがて判決書が、そして訴訟記録が正木弁護士のもとに届いた。正木弁護士は「半年間、身の毛のよだつ思いをしながら、この事件の研究と処理に没頭した」。

　正木弁護士は、1955（昭和30）年3月、その研究の成果として『裁判官』と題する書籍を出版した。

　その内容は、5人犯行説には致命的な欠陥があり、首吊り偽装工作は単独犯行でも可能で、Y以外の4名の自白は強要されたものであって、無罪とされねばならないということを訴えかけるものだった。

　この本はベストセラーになり、注目を集めた。新聞社は独自の取材で正木弁護士の考えを裏づける事実を探り当てた。

　一方、裁判所は、このようなジャーナリズムの動きを「雑音」だと嫌った。八海事件を題材にした映画についても、製作中止・公開中止を求める動きがあったが、上映が実現され、Aが「まだ最高裁がある」と絶叫するラストシーンが話題を呼んだ。

　この事件では、Aは一審・控訴審で死刑の宣告を受けている。そこで正木弁護士は、徹底的に準備したうえで、口頭弁論の場で人形や模型を使ったプレゼンテーションを行うことにした。

最高裁の判断とその後

　Yの供述によれば、犯行当日午後10時40分頃に5人は八海橋に集合し、午後10時50分頃に犯行に及んだという。

　しかし、正木弁護士は、上告審の口頭弁論で、「このわずか10分間のうちに、八海橋での謀議を終えて、被害者方まで600メートルを全員が移動し、凶器を手にして、室内に侵入し、被害者に一撃を加えることは、物理的に不可能である」と述べた。

　この頃、Yは、さらに供述をコロコロと変更させていた。最高裁宛てに50枚ほどの上申書を提出し、Y以外の4名は事件と無関係であり、Yとほかのもう1名による犯行であると述べたかと思うと、すぐに検察側につき、5人犯行説を述べ始めるといった具合であった。

最高裁は、5人犯行説には疑問があるとして控訴審判決を破棄し、Y以外の4名に関する審理を広島高裁に差し戻した。
　検察庁は、この判断に強い不満を示し、徹底した対抗策をとった。延べ数百名の警察官が聞き込み調査にあたり、新証人が用意された。審理は遅延して担当弁護人の負担が重くなったうえ、担当弁護人に対する家宅捜索までが行われた。一審以来、同じ証言を貫いている証人たちの多くが、偽証ないしそのおそれがあるなどという理由で呼出しを受けたり、逮捕・勾留されたりしたことから、アリバイ証人の中には供述を変更する者が現れた。上告審の頃とは異なり、ジャーナリズムも検察側の立場からの意見を発信するようになっていた。
　しかし広島高裁は、4名に対して無罪判決を言い渡した。
　ところが、驚くべきことに検察官は、この無罪判決を不服として上告した。
　いかにも無理な上告のように思われたが、なんと最高裁は5人犯行説を支持して無罪判決を破棄し、事件を再度、広島高裁に差し戻してしまった。
　この第2次上告審判決はきわめて不評であり、民間からの批判のみならず、裁判官からの批判も発表された。裁判官を退官し、第2次差戻控訴審の弁護人を買って出る者まで現れた。
　しかし、広島高裁は、再度4名を有罪として、Aに対して死刑判決を、その他の3名に対して懲役15年、懲役12年の判決を言い渡した。全員が上告した。
　最高裁が2度にわたって破棄判決を言い渡したことは、希有異例のことといわれていたから、3度目の破棄判決の言渡しは必ずしも期待できないものとみられていた。しかし、事件から17年後、第3次上告審は、有罪判決を破棄し、4名全員に無罪判決を言い渡した。

共犯者の自白

　八海事件は、なぜ、これほどまでの難事件になってしまったのか。
　Yは小心な窃盗犯で、酒を飲んで勢いをつけて盗みをしていたが、予

想外に顔を見られてしまったことから、強盗殺人事件に発展してしまったものと考えられる。

現場の状況から、複数犯による犯行と断定できるものでもないし、死刑に処せられるような重大な罪について、Ｙが共犯者を庇っているとみるだけの具体的な根拠があるとも思われない。捜査官としては、まず、Ｙの単独犯行が可能であったかどうか、Ｙの供述を得て十分に吟味すべきだった。

ところが、捜査官は、本件は複数犯行だという強い予断をもって捜査にあたっていた。

Ｙによれば、取調官は、「われわれにはちゃんとわかっている」とＹに暴行を加え、「１人でやったといえば死刑になる」とＹを脅して、複数犯行説に沿った供述をＹから引き出したという。

しばらくすると、Ｙは、取調官の見込みに沿った話をしていれば、タバコを吸わせてもらうなどの便宜を図ってもらえることに気づいた。

そして、Ｙは、「刑事の言うようになっていれば、死刑から逃れられるかもしれない。嘘がばれてもともと、俺には警察がついている」と考えるようになっていった。なにしろＹとしても命がかかっている。なりふりかまわず、必死になって罪を逃れようと画策したというわけである。

Ｙの無期懲役が確定しても、Ｙは、弁護側・検察側それぞれからの働きかけに応じ、どちらにもいい顔をした。

しかし、第３次控訴審での有罪判決の後、Ｙの中に罪の意識が膨らむようになった。

Ｙは、「Ａらは無関係で、自分の単独犯行だった」という17通の上申書を作成し、広島高裁・広島高検・最高裁・最高検・担当弁護士宛てに発信しようとした。この上申書は、刑務所で握りつぶされていた。刑務所側は、上申書の出し方が規則違反だとして、取り下げるようＹに求め、これに従わないＹに懲罰を加えた。

罪を認めざるをえない場合であっても、できるだけ自分の責任が小さくなるようにするのが人情の常である。とくに死刑や無期懲役などの重刑が予想される事件であれば、責任を少しでも軽く見せることは、切実

な問題になる。ほかに共犯者がいると言えば、その分、責任は分散されるし、首謀者は自分ではないと言ってその者に責任転嫁すれば、その分、自分の責任は軽くなる。とくに捜査官の側で、事件に関与していることを強く疑っている人物がいたり、あらかじめ共同犯行を決めてかかったりしている場合には、そのような供述をするのは容易だ。

　だから、共犯者の自白には、誤判の危険がある。

　変遷や矛盾のある共犯者の自白は、安易に信用されてはならない。「自白」であるということは、自己に不利益な事実を認める供述であるということだが、その本質は、ほかに責任転嫁するという、供述者にとって利益な供述だからである。

file 8 被害者から一転して容疑者に
──徳島ラジオ商殺し事件

　1953（昭和28）年11月5日午前5時、徳島駅近くのラジオ店に強盗が押し入り、主人が全身9ヶ所を刃物で刺されて殺害された。
　店舗奥の部屋では主人のほか、妻A子さんと9歳の娘が寝ていた。A子さんはすぐに娘を外に逃がした。強盗は主人を殺害した後、A子さんの腹部を刺して外へ逃げた。
　店舗後方の小屋には16歳と17歳の店員が住み込んでいた。A子さんの叫び声を聞いた2人は警察に通報した。
　警察は、A子さんと娘の目撃供述のほか、店舗の内外に残された血痕、店舗の外で発見された匕首1本、人が走り去る様子を見たという2名の目撃者の供述を手がかりに犯人を追った。
　2名の暴力団員が容疑をかけられて別件逮捕され、うち1人は自白に至ったが、証拠不十分で不起訴となった。事件は迷宮入りの様相を呈していた。

遺族から容疑者へ

　徳島地検は、事件から8ヶ月経った後に、事件直後に人が走り去る様子を目撃したという、ラジオ店に勤務していた2人の店員を、新たに別件逮捕して取り調べた。
　別件逮捕中の取調べの結果、2人の供述は一転した。
　店員たちは、次のように話した。
　事件前、A子さんの依頼で暴力団関係者から匕首を借りて渡した。
　事件当日には、A子さんらしい人物が主人らしい人物と争っていたのを見た。

事件後、Ａ子さんに頼まれて、店舗の屋根の電灯線等を切ったり、刺身包丁を川に捨てたりした。
　警察の捜査は、あくまで犯人は外部者だという前提で進められていた。しかし、徳島地検は独自の捜査方針をとり、店員２人の供述を根拠に、Ａ子さんを逮捕・起訴した。
　Ａ子さんの立場は、犯罪被害者の遺族から犯罪の容疑者へと、大きく変えられてしまったのだった。

店員の証言への疑問

　店員の証言には多くの疑問があった。
　ラジオ店を営んでいたＡ子さんと、暴力団関係者との間に、いったいどんな接触があったのか解明されることはまったくなく、匕首を入手したとされる相手方からも確かな供述は得られなかった。
　Ａ子さんと主人が争っていたという事実については、店員が別件で逮捕された後の期間も含めて長期間にわたってこの事実を伏せた理由が理解しがたい。また、店員は、その時ガラス越しではなく戸が開いている状態で室内を見たというのだが、戸が開いていた理由がまったく不明であった。
　電灯線の切断については、店員がそのようなことをする時間的余裕があったか疑わしく、大勢の捜査員が詰めかけている状況でそれを実行したとも考えられなかった。
　刺身包丁を川に捨てた件については、この点についても長期間にわたって事実が伏せられた理由が理解しがたいうえに、これが事実であるとすれば包丁を預かった店員の衣服に付いたはずの血痕が少量にとどまっており、肝心の刺身包丁は遂に発見されないなどの不審な点があった。
　なにより、店員の供述をもとにしたＡ子さんの行動は不自然だったし、Ａ子さんには主人を殺す動機らしいものも見当たらなかった。
　Ａ子さんは、ごくわずかに自白調書を作成されたが、起訴後は一貫して事実を争った。
　しかし、1956（昭和31）年、徳島地裁はＡ子さんに有罪・懲役13年の

判決を言い渡し、翌年、高松高裁はＡ子さんの控訴を棄却して、有罪・懲役13年とされた一審判決を支持した。

無念の上告断念と偽証の告白

　Ａ子さんは無実を主張して上告したが、その後、上告を取り下げた。家族にも弁護士にも相談しないままの判断だった。

　無実の訴えを支えてきたＡ子さんの子どもたちは、Ａ子さんを強く非難した。しかし、自分と娘の目前で夫を殺害されたにもかかわらず、自分を犯人だと決めつける裁判という制度に、Ａ子さんは絶望していた。むしろ、裁判費用がかさむことで子どもたちの将来が脅かされることを案じて、上告を断念したのだった。

　その後まもなく、店員２人は、Ａ子さんの親族から問いただされて、「一審と控訴審で証言したことは、すべて偽証だった」と告白し、警察署に出頭して、偽証したので自首すると述べた。

　のちに店員は、田舎育ちの者が検察官の取調べを受けても言いたいことは言えなかった、きつい取調べだった、一度口に出してしまうと、偽証罪の制裁を告げられ、言ってしまったことを取り消せない状況になった、と語っている。

　店員たちは、罪に問われることを覚悟のうえで偽証の告白をしたわけである。

　Ａ子さんは、徳島地裁に再審請求を行った。

なぜか実らなかった再審請求

　検察官は、偽証の疑いについて、店員２名を取り調べて鋭く追及した。

　店員たちは、日弁連人権擁護委員会や、検察審査会でも事情を聞かれた。店員の１人の供述は揺れ、何度か偽証告白を撤回した。

　３度目の再審請求が棄却された２年後の1966（昭和41）年、Ａ子さんは仮釈放になった。仮釈放の時期が遅れることなど少しも気にすることなく、Ａ子さんは無実を叫び続けていたのだった。

Ａ子さんは釈放後、店員２名と再会した。Ａ子さんは、釈放されてもなお無実を叫び続けた。その後の再審請求審では、店員２名は偽証告白を維持し続けた。しかし、それでも再審請求は実らなかった。
　Ａ子さんは1979(昭和54)年に亡くなった。

死後の再審無罪

　Ａ子さんが亡くなっても、家族は、Ａ子さんの無罪の叫びを裁判所に届けることをあきらめなかった。「生きているうちに謝ってもらいたい」と話していたＡ子さんの６回目の再審請求の手続は、Ａ子さんが亡くなった際、遺族によって引き継がれた。
　再審請求審では、検察官が手元に眠らせていた外部犯行を裏づける証拠が提示され、また、多くの鑑定がやり直された。
　1983(昭和58)年、ついに再審開始が決定された。再審開始決定は、確定判決を厳しく批判した。確定判決のロジックは、裁判上の論理としてはあまりにも恣意的なもので、Ａ子さん有罪の認定を妨げるはずの多くの証拠を無視するものだというのだった。
　なぜそんな判決が長年にわたってまかり通ったのだろうか。
　検察官はこの再審開始決定を争ったが、高松高裁は再審開始を支持した。
　再審公判が始まると、今度は、検察官は多くの証人を申請して「有罪立証」をすると言い、外部犯行説を強く批判し、あらためてＡ子さんに懲役13年を求刑した。
　1985(昭和60)年、事件から31年後に、ようやくＡ子さんの無罪が言い渡された。
　Ａ子さんの娘さんは法廷で発言を求められると、ただ、「私は裁判を信用していません」と答えたという。

file 9 でっち上げられた事件
――志布志事件

　2003（平成15）年4月の統一地方選挙・鹿児島県議選で初当選した会社社長に、選挙違反の疑いがかかった。

　鹿児島県警は直ちに捜査を開始した。「建設業者にビールを配って投票を依頼していた」「市民に焼酎と現金を配って投票を依頼していた」「複数回にわたって買収のための会合が開かれていた」との発表がなされた。

　マスコミは、とんでもない選挙違反事件だと、連日のように報道した。

　関係者は連日取調べを受けることとなり、2003年7月までに、県議を含む13名が、選挙違反の罪の疑いで鹿児島地裁に起訴された。

　鹿児島県警は、この事件について警察庁長官表彰を受けることとなり、2003年12月には、鹿児島市内のホテルで捜査員の慰労会を兼ねた受賞祝賀会が開催され、県警幹部や検察関係者が出席した。捜査にあたった警部補には、本部長賞や刑事部長内賞が授与された。

　事件は速やかに解決した、ように見えた。しかし、時間が経つにつれて、驚くべき事実が次々と明らかになった。

「選挙買収事件」の顛末

　2007（平成19）年1月、鹿児島地裁は、この事件についての「任意」での取調中に、取調官から親族の名前を書いた紙を踏むことを強要されたという「踏み字」を理由とする国会賠償請求訴訟について、「踏み字」の事実を認め、県に対して60万円の支払いを命じた。

　続いて、2007年2月、鹿児島地裁は、この事件について起訴された13人のうち、公判中に亡くなった1名を除く12名全員に対して、無罪の判決を言い渡した。無罪の理由は、「県議には一部アリバイが成立す

る」「客観的証拠が全く提出されていない」「自白内容が不自然」などというものだった。

　これを受けて、2008(平成20)年1月には、警察庁が、「富山事件及び志布志事件における警察捜査の問題点等について」とのレポートを発表する事態となった。

　県警が警察庁長官表彰を返納したのは、その後の2008年3月になってからのことであった。

　さらに、2008年3月、鹿児島地裁は、取調べで「踏み字」を強要した事実について特別公務員暴行陵虐罪に問われた元県警警部補に対して、「黙秘権を侵害する取調べは慎まなければならず、踏み字は常軌を逸している」「被害者の父や孫に対する尊敬や情愛を踏みにじり、被害者の人格を否定し、精神的苦痛を与えた」などとして、懲役10ヶ月執行猶予3年の有罪判決を言い渡した。

　そして、同じく2008年3月、鹿児島地裁は、「弁護人から否認をそそのかされた」「接見禁止が付されていたが、弁護人から親族の手紙をプラスチックの壁ごしに見せられた」などという内容の供述調書が作成されたことについて、弁護人の秘密交通権を違法に侵害したものと判断して、県と国に対して550万円の支払いを命じた。

　そうして、「志布志事件は、結局、警察の面子や予算獲得のための、でっち上げ事件にすぎなかった」と批判され、注目が集まることになった。

ありもしない事件の「自白」

　志布志事件では、多数の自白調書が作成され、それをもとに起訴がなされた。

　ではなぜ、ありもしない事件の自白調書が作られることになったのか。警察庁が作成したレポートの内容を見てみよう。

・平素、平穏な社会生活を営んでいた者に対して、連日長時間にわたる取調べが行われた。任意の取調べとして、最長で1日13時間あ

まり、1日平均では最長で10時間あまりの取調べがなされた。中には、10日間連続して取調べを受け、そのほとんどが長時間に及んだ場合もあった。
- 体調不良を訴えて点滴を受けた者に対して、病院から警察署に任意同行して、警察署内で簡易ベッドに寝かせた状態で取調べを行った。
- 取調官の一人は、「取調べで、選挙違反は身近な事件としては交通違反と同じような態様の事件だと話した」と証言しているが、これについて、判決では、「本件を軽微犯罪であると強調して自白を引き出す意図でなされたものと考えられる」と指摘されている。
- 「認めれば早く帰れる」「逮捕は何回でもできる」「認めないと地獄に行くぞ」「正直に言わなければ家族をも取り調べる」といった取調官の言動が被告人から指摘されたが、判決では、「疑わしきは被告人の利益に」との観点から、追及的・強圧的な取調べがあったことがうかがわれると指摘されている。

ずいぶん、歯切れが悪い。

実際には、取調官は、孫や父の名前と「早く正直なじいちゃんになってください」などと書いた紙を、被告人の足首を掴んで踏ませたりもしていた。

さらに、「自白しないなら一生刑務所に入れてやる」「お前の会社を潰してやる」「身内の者を同じ目に遭わせてやる」などと言って、自白を迫っていたともいわれている。

なぜ、こんな取調べが通用したのだろうか。

裁判では、なぜ、でっち上げの自白調書が作られたのかが争点になった。

起訴された全員が、揃って、「強要された自白であり、自白調書を証拠採用してはならない」と主張した。これに対して、取調官は法廷で「自発的に自白した」などと証言した。両者の言い分は真っ向から対立した。

結局、裁判所は、自白調書を証拠採用した。

これに対して、鹿児島県弁護士会は、「これでは、捜査機関は同じような捜査活動を将来にわたり繰り返すことになり、人権保障の最後の砦であるべき裁判所が、自らその責務を放棄したものと言わざるをえない」との声明を発表している。
　裁判所は、最終的には、「疑わしきは被告人の利益に」の原則を持ち出すことでようやく「無理な取調べがなされた」と判断して、自白調書の内容は信用できないと、無罪判決を言い渡した。
　この無罪判決に対する鹿児島県弁護士会の声明は、次のようなものであった。
　「鹿児島県弁護士会は、これまでも取り調べの全過程の可視化（録画・録音）を求めてきた。それは、これまでも繰り返され、また本件でも行われた密室での違法な取り調べを防止するために、最も有効だからであり、かつ唯一の方法だからである。そして、取り調べの可視化は、自白の任意性、信用性が争いとなった場合に、裁判の長期化の原因となる、捜査官と被告人の尋問という水掛け論的なやりとりを回避することができ、審理の迅速化にも資する」

弁護人との秘密交通権侵害

　いわれのない罪で逮捕され、さらに根拠のない再逮捕・再々逮捕が繰り返されて、長期間にわたって取調べが続けられる中、裁判所の接見禁止決定によって家族と接見できないとしたら、どんな心境になるだろうか。
　そのような時、ようやく接見に来た弁護人に対して、「捜査官の圧力に屈して自白してしまったけれども、本当はそんな事実はなかったんだ」と、やっとの思いで話したら、弁護人から家族の激励の手紙を見せられ、真実を貫いてほしいとみな願っていると告げられたら、心境にどんな変化が生まれるだろうか。
　志布志事件では、取調官が、弁護人との接見の直後に接見内容を聞き出して供述調書にまとめるという行動に出た。弁護人の存在がよほど目ざわりだったのだろう。

弁護人との接見内容は、秘密のはずではないのか。

これについて捜査側は、「弁護人が捜査妨害をしていることが発覚したことから、自発的な供述に基づいて接見内容を聴取したものであって、違法ではない」などと主張した。

少なくとも志布志事件について、この主張が正しいと感じられるだろうか。

「弁護人が捜査妨害をしていないかどうか」と、「捜査官が適正に権限を行使しているかどうか」と、いずれをチェックすべきだろうか。

いったい検察官は何を立証しようとしたのか

志布志事件では、無罪判決後、公判をめぐる県警と地検の協議内容を県警側がまとめた内部文書がマスコミの手にわたっている。

志布志事件は、「買収」の動機や「買収会合」の回数に疑問があることは、誰の目にも明らかな事件だった。当然、検察官も、そのことを理解していた。だから、「4回の会合が実際に行われたのかどうか、詳細な検討はなされておらず、検察庁でも消極意見はあった」という。

しかし、「主任（検事）が起訴すると決めたら、これに従うのが組織捜査」なのだそうである。

いったん起訴されると、検察官は、有罪獲得に向かってしか動けなくなるのか、県警と地検は、県警の捜査がずさんだったことを裏づける資料を公判に提出しないよう口裏合わせをした。検察官は、供述調書と矛盾のある取調べメモ（取調小票）について、弁護人への証拠開示には絶対に応じないことにして、もし証人尋問の際に取調べメモについて聞かれたら「公文書ではなく私的なメモである」「供述調書以上のことは書かれていない」と答えるよう、警察官に指示したというのである。そして、福岡高検からの指摘を受けてから、あわてて、「多額買収、複数会合がなぜ行われたか」についての検察官調書を作成したという。

いったい検察官は、何を「立証」しようと考えていたのであろうか。

裁判所は無実とわかってくれたのか

　志布志事件では、一審で無罪判決が言い渡されている。それは、裁判所が、無実の訴えに十分に耳を傾けてくれたからなのだろうか。
　無罪判決後の、鹿児島県弁護士会の声明を見てみよう。

　　　裁判所は、安易に逮捕状、勾留状を発付してきた。勾留に際しては接見禁止決定まで付したのである。公判が始まってからも接見禁止決定を継続し、保釈請求を幾度も却下した。しかし、本件は、6世帯20人程度の有権者しかいない集落に、4回にわたり200万円近くの現金がくばられた、という荒唐無稽なものである。その異常さからして、裁判所としてはより慎重に検討し判断をすべきであったし、またそれは十分に可能であった。にも拘わらず、安易に逮捕状、勾留状を発行し、接見を禁止し、保釈を却下した裁判所は、検察庁の言うがままにこれらを行ったと言うべきであるが、これでは裁判所の人権保障の砦たる役割を放棄したとのそしりを免れない。

　事件の中身はどうあれ、疑いをかけられた者が否認を貫いていることだけを理由に、いつまで経っても身体拘束されたままで、しかも家族に会えない状態が続くということがもし行われているとするならば、それが望ましいことといえるだろうか。

裁判員になる前に観ておきたい、読んでおきたい、映画と書籍

映画

真昼の暗黒
1956年・日本・125分　監督：今井正、主演：草薙幸二郎

八海事件を題材とした映画。

誰の目にも無罪は明らかだと期待をもって臨んだ第二審で有罪・死刑の宣告を受けた主人公が、面会室で「まだ最高裁がある！」と絶叫するラストシーンは有名で、慄然とさせられる。

ラストシーンのとおり、最高裁は死刑判決を破棄したが、映画公開当時はまだ審理中であった。そのため、製作には困難が伴い、全国巡回の方法で配給がなされたが、多数の映画賞を受賞する結果となった。

デッドマン・ウォーキング〔Dead Man Walking〕
1995年・アメリカ・122分　監督：ティム・ロビンス、主演：ショーン・ペン

ある死刑囚からの手紙を受け取った修道女が、その死刑囚の精神アドバイザーを務める、実話をもとにした物語。

修道女は、遺族の怒り・悲しみに触れながら、これ以上の悪人はないと思えるような男の側に立って、彼を信じ抜こうとする。

なぜ、男は固く心を閉ざしているのか。心を閉ざしたままの者、改心した者、いずれにせよ、人を死刑に処するということは、いったいどのような行為なのかと考えさせられる。

それでもボクはやってない
2007年・日本・143分　監督：周防正行、主演：加瀬亮

痴漢冤罪を題材とした映画。

綿密な取材に基づいて、刑事裁判の実情が淡々と描かれている。刑事手続についての予備知識がなくても十分に理解できるほど、劇中で丁寧な解説がなされている。

誤った判決が導き出させるシステム自体の不条理さが伝わってくる。

BOX 袴田事件 命とは
2010年・日本・117分　監督：高橋伴明、主演：萩原聖人／新井浩文

　　1966（昭和41）年に生じた強盗放火殺人事件の捜査と裁判を描いた映画。無理な取調べが行われて自白が強要される様子と、無罪の心証をもった裁判官が有罪・死刑判決の起草に加担させられる様子とが対比され、「裁判で裁かれるのは誰なのか」という問題提起がなされる。
　　無罪ではないかとの疑いをもって事件に取り組む裁判官と、有罪との結論を固めたうえで審理にあたる裁判官との対比にも注目したい。

書籍

財田川暗黒裁判
1975年・立風書房　矢野伊吉著

　　財田川事件に関する書籍。

「裁判官」「検察官」――冤罪裁判とのたたかい
1977年・現代史出版会　正木ひろし著

　　八海事件に関する書籍。

最後の大冤罪「松山事件」――船越坂は何を見たか
1984年・現代史出版会　佐藤秀郎著

　　松山事件に関する書籍。

予断――えん罪 高隈事件
1988年・筑摩書房　宮下正昭著

　　高隈事件に関する書籍。

裁判官の論理を問う――社会科学者の視点から
1992年・朝日新聞社〔文庫〕　稲木哲郎著

　　徳島ラジオ商殺し事件に関する書籍。

幼稚園バス運転手は幼女を殺したか
2001年・草思社　小林篤著

　　足利事件に関する書籍。

島田事件──死刑の恐怖に怯える34年8カ月の闘い
2005年・新風舎〔文庫〕　伊佐千尋著

　　　島田事件に関する書籍。

新版 検証・免田事件
2009年・現代人文社　熊本日日新聞社編

　　　免田事件に関する書籍。

死刑事件弁護人──永山則夫とともに
1999年・悠々社　大谷恭子著

　　　いわゆる「永山事件」の弁護活動の記録。死刑と無期懲役の間で結論が揺れた事件について、「弁護士と、被告人との、魂の出会い」が描かれている。

新聞記者 疋田桂一郎とその仕事
2007年・朝日新聞社　柴田鉄治／外岡秀俊編

　　　「ある事件記事の間違い」という記事が収録されている。エリート銀行マンが、障害をもつ2歳の娘を餓死させたという殺人の罪で起訴され、有罪判決言渡し後に自殺したという事件を素材に、取調べを経て作られた供述調書の内容を批判的に検討する視点の必要性が述べられている。

狂気という隣人──精神科医の現場報告
2007年・新潮社〔文庫〕　岩波明著

　　　精神科医である著者が、多くの症例をもとに、一般に思われているよりも統合失調症が身近なものであることを綴った本。重大な犯罪を犯した精神疾患者に対して、社会はどう向き合うべきなのか、考えさせられる。

累犯障害者
2009年・新潮社〔文庫〕　山本譲司著

　　　「知的障害者であろうと、精神障害者であろうと、罪を犯した奴は厳罰に処せ」という意見の問題点を、事件・公判の経緯や、刑務所内の様子を描くことによってあぶり出した本。福祉的な観点から刑事事件をみることの重要性が述べられている。

刑事裁判に関する用語解説

ア

員面調書
警察官（司法警察員）が被疑者や関係者を取り調べたうえで作成する書面。「司法警察員の面前で作成される供述調書」の略。

冤罪
無実の罪によって、逮捕されたり、刑事裁判にかけられること。

カ

科学警察研究所
科学捜査を行う警察庁の組織のひとつ。「科警研」と略される。

科学捜査研究所
科警研と同様に科学捜査を行うが、各都道府県警察本部に属している。「科捜研」と略される。

科料
刑罰の一種。1000円～1万円未満と定められている。1万円以上の刑罰を罰金と呼ぶ。

鑑識
現場を検証したり、残された指紋や血痕などを採取したりすること。

期日間整理手続
通常の裁判が始まった後、それを中断し、事件の争点と証拠を整理する手続。

起訴
検察官が被疑者を裁判にかけること。

起訴状
検察官が起訴を行うために、被告人の名前や犯罪の事実を書いた書面。起訴されると、被告人の手元に届けられる。被告人は、起訴状を見て、自分がどのような犯罪事実について裁判を受けるのかを知ることができる。

起訴猶予
検察官が事件や被疑者に関する諸事情を考慮した結果、起訴をしないという最終的な判断をすること。

求刑
検察官が、論告に続けて、被告人にどのような刑罰を科すのがよいと思うか、裁判所に対して意見を述べる手続。

供述調書
警察官や検察官が、被疑者・被告人やその他の人の取調べをした後、取調べの内容を書いた書面で、取調べを受けた人が最後に署名・押印をする。

刑事裁判
犯罪を行ったと疑われた人が本当に有罪なのかどうか、有罪であるとしてどのような刑を科すべきかを決める手続。

刑事訴訟法
刑事裁判の手続について定めている法律。

刑法
どのような行為が犯罪となり、それぞれの犯罪に対してどのような刑が科されるかを定めている法律。

検察官
捜査を行い、被疑者を起訴し、裁判の場では被告人が有罪であることを証明し、被告人の処罰を求める活動を行う機関。

検面調書
検察官が被疑者や関係者を取り調べたうえで作成する書面。「検察官の面前で作成される供述調書」の略。

控訴審
第一審の判決を不服として被告人または検察官が控訴した場合に、高等裁判所が審理する裁判。

公判前整理手続
通常の裁判の前に、事件の争点と証拠を整理する手続。

勾留
裁判官の決定により、逮捕に引き続いて被疑者・被告人を拘束すること。

勾留質問
裁判所が、勾留するかどうか判断する際に、被疑者・被告人に言い分を聞く手続。

勾留請求
検察官が、被疑者を警察の留置場などに留め置く処置を裁判所に請求すること。ただし、送検後24時間以内かつ逮捕後72時間以内に行わなければならない。この請求では、勾留期間は10日間が認められる。さらに、検察官の請求により、やむをえない事由があると認められれば、10日間を限度に勾留の延長が許される。

勾留理由開示
勾留された被疑者が、自分が勾留された理由の説明を裁判所に対して求めること。勾留理由開示は、公開された法廷で行われる。

国選弁護人
弁護士を依頼する資力がない被疑者・被告人に対して、国が選任する弁護人。

サ

罪証隠滅のおそれ
勾留の要件の1つ。勾留が認められるためには、罪を犯したという疑いがあるだけでは足りず、罪を犯したことの証拠（罪証）を隠したり、なくしたり（隠滅）すると疑うに足りる相当な理由がなければならない。

罪状認否
検察官が起訴状を朗読した後、裁判官が被告人に対して、起訴状に書いてある犯罪事実が本当かどうかを聞き、被告人と弁護人が答える手続。

再審
確定した判決に対して、一定の事由がある場合に認められる裁判手続のこと。

裁判員裁判
職業裁判官3人と、国民から選ばれた裁判員6人からなる裁判所で行う裁判。裁判官と裁判員が話し合って、事実の認定、法令の適用、量刑を行う。

裁判官の心証
有罪か無罪かについての裁判官の判断のこと。「あの裁判官は最初から有罪の心証を固めていた」などと使う。

示談
被害者に生じた財産的、精神的な損害のうめあわせをするために、被害者に対して謝罪をしたり、金銭を払うなどして、金銭面での解決をすること。

実況見分
警察官や検察官が、事件の現場や証拠品など、事件に関係する場所や物の状態を調べること。

執行猶予
裁判所が有罪判決において刑を言い渡す場合に、刑の執行を一定期間猶予する制度。猶予期間中、罪を犯さず無事に過ごせば、刑の言渡しは効力を失う。

準抗告
勾留や、勾留延長などの処分について不服がある場合に、弁護人や検察官が裁判所に対して取消しや変更を求めること。

証拠開示
捜査機関が集めた証拠を、弁護側に開示すること。弁護側がそれを求めることを「証拠開示請求」という。

証拠請求
弁護人や検察官が、ある証拠を刑事裁判の中で調べるように裁判所に求める手続。

情状
被告人が有罪となる場合に、どのような刑罰を科すか決めるための判断材料。被告人に不利な情状、有利な情状のいずれもある。

証人尋問
証人に対して、その人が事件に関して体験した出来事を尋ねること。

少年審判
未成年者による犯罪は、原則として刑事裁判ではなく、家庭裁判所で開かれる少年審判で審理される。刑罰とは違い、更生のために、保護観察や少年院送致という処分が下される。ただし、家庭裁判所が刑事処分にすべきだと判断した場合には、検察官送致（逆送）となり、成人と同様に公開の法廷で刑事裁判を受けるこ

とになる。

処分留保（処分保留）
しょぶんりゅうほ　しょぶんほりゅう

検察官が、起訴・不起訴という最終的な判断をせずに、さしあたり捜査を中止すること。

心神耗弱
しんしんこうじゃく

精神の障害により、物事の善悪の区別がほとんどつかず、または善悪の区別はできても自分の行動をコントロールすることがほとんどできない精神状態。心神耗弱の人の行為は有罪となるが、刑が軽くなる。

心神喪失
しんしんそうしつ

精神の障害により、物事の善悪の区別がつかず、または善悪の区別はできても自分の行動をコントロールできない精神状態。心神喪失の人の行為は無罪となる。

責任能力
せきにんのうりょく

刑事責任を負わせるために必要な能力。責任能力がない人は無罪となり、責任能力が完全でない人は刑が軽くなる。

接見
せっけん

身体拘束されている被疑者・被告人が、弁護人や家族に面会すること。被疑者・被告人が弁護人に相談し、事件について打合せをするための重要な方法である。

接見禁止
せっけんきんし

被疑者・被告人が、弁護人以外の人と会うことが禁じられること。

送検
そうけん

警察が、逮捕後に被疑者を検察に送ること（48時間以内）。被疑者を逮捕しないで任意捜査を行った場合には、事件の書類を検察に送る（書類送検）。

タ

陳述
ちんじゅつ

法廷で口頭で述べること。

付添人
つきそいにん

少年事件で少年を代理する弁護士のこと。

同意
どうい

相手方が請求した証拠を、証拠として認めること。

当番弁護士
とうばんべんごし

身体拘束をされている被疑者・被告人から依頼があった場合に、弁護士が無料で1回接見に行き、相談に応じる制度。各都道府県の弁護士会が行っている。

取調べの可視化
とりしらべのかしか

密室で行われている捜査機関による取調べを、ビデオにより録画・録音し、不正が行われないように透明化すること。

ナ

任意性
にんいせい

自由な意思で行うこと。取調べの時に警察官や検察官から暴行や脅迫を受けたり、あるいは嘘を言われるなどして、本

来であれば話したくないことを話した場合に「任意性がない」という。任意にされたものでない疑いのある供述は証拠とならない。

ハ

被疑者・被告人
被疑者とは、犯罪を行ったという疑いをかけられた人のことをいう。起訴されると、被告人と呼ばれる。

被疑者援助制度
日本弁護士連合会（日本の弁護士が全員所属する組織）が、私選で弁護人を依頼する資力がない身体を拘束された被疑者に対し、弁護士費用を援助する事業。日本弁護士連合会は、この事業を法テラスに委託している。

不起訴処分
検察官が、起訴をしないという最終的な判断をすること。

弁解録取
被疑者が逮捕された後に、警察官・検察官から、逮捕の根拠となった犯罪事実の内容や、弁護人を選任できることを告げられたうえ、犯罪事実について自分の言い分を述べる機会を与えられること。略して「弁録」ということもある。

弁護士会
弁護士が加入する組織で、各都道府県に原則として1つある（例外として東京は3会、北海道は4会ある）。また、大きな組織として日本弁護士連合会（日弁連）という組織もある。

弁護人
刑事手続において、被疑者や被告人を代理する弁護士のこと。

弁護人選任届
被疑者・被告人のための弁護人を選任したことの届出。被疑者・被告人と弁護人が署名した書面を、警察署・検察庁（起訴前の場合）または裁判所（起訴後）に提出する。

弁論
弁護人が、検察官の論告・求刑の後、被告人に犯罪が成立するかどうかや、情状について意見を述べる手続。

傍聴席
法廷の後方につくられた、一般人用の席。誰でも自由に座ることができ、裁判を見ることができる。

法テラス
国が作った独立行政法人。資力がない被疑者や少年に対して弁護士費用を援助する日本弁護士連合会の事業を受託して行っている。正式名称は「日本司法支援センター」。

冒頭陳述
検察官・弁護人が証拠によって証明しようとする事実を述べる手続。略して「冒陳」ということもある。

保護観察
執行猶予付きの判決がなされた場合に、保護観察官と保護司の指導・監督のもとで、社会復帰を図る制度。

保釈
一定額のお金を納めることを条件として、釈放されること。起訴された後でなければ認められない。また、釈放された後、裁判所からの呼出しに応じなかった場合には、納めたお金が没収されることがある。

没収
犯罪に使われた物（例：凶器）や、犯罪で得たお金などを国に取り上げられること。有罪判決で刑が言い渡される場合に、付随的に科される場合がある。

マ

満期
勾留期間が終了する日のこと。

未決勾留日数の算入
勾留されていた日数を、有罪判決において言い渡される刑の刑期から差し引くことにより、算入すること。

身元引受人
被疑者・被告人が身体拘束からの解放を裁判所に対して求める時に、被疑者・被告人と同居するなどして監督することを裁判所に対して約束する人。親兄弟など被疑者・被告人に近しい人がなることが多い。

面通し
被害者や目撃者などに、写真や実際に逮捕した人間を見せて、犯人に間違いないかどうかを確認させる手続。

目撃証言
犯人や犯行を目撃した人の証言。一般に、目撃証言は、さまざまな理由から誤りが起こりやすいといわれている。

黙秘権
被疑者・被告人が、警察・検察官の取調べや裁判において、問いに答えず黙っている権利。憲法によって保障されている権利で、黙っていることで不利益に扱われてはならないとされている。取調べに対して完全に黙秘を貫くことを「完黙」ということがある。

ラ

量刑
有罪と認められる被告人に科すべき刑罰を決めること。

論告
検察官が、証拠の取調べが終わった後、被告人に犯罪が成立するかどうかや、情状について意見を述べる手続。

裁判員になる前に知っておきたい
刑事裁判の裏側
——弁護人が語る刑事司法の現実

2010年12月30日　第1版第1刷

編　者●現代人文社編集部
発行人●成澤壽信
編集人●西村吉世江
発行所●株式会社 現代人文社
　　　〒160-0004 東京都新宿区四谷2-10 八ツ橋ビル7階
　　　Tel: 03-5379-0307　Fax: 03-5379-5388
　　　E-mail: henshu@genjin.jp（編集部）
　　　　　　 hanbai@genjin.jp（販売部）
　　　Web: www.genjin.jp
発売所●株式会社 大学図書
印刷所●株式会社 平河工業社
装　丁●Malpu Design（黒瀬章夫）

検印省略　Printed in Japan
ISBN 978-4-87798-471-7 C0036

◎本書の一部あるいは全部を無断で複写・転載・転訳載などをすること、または磁気媒体等に入力することは、法律で認められた場合を除き、著作者および出版者の権利の侵害となりますので、これらの行為をする場合には、あらかじめ小社に承諾を求めてください。
◎乱丁本・落丁本はお取り換えいたします。